一本书读懂

新能源汽车

崔胜民　编著

化学工业出版社

·北京·

本书对新能源汽车技术人员、管理人员以及爱好者们所关心的问题进行了精心汇集和分类，内容包括新能源汽车的概述、电动汽车用动力电池、电动汽车驱动电机系统、纯电动汽车、混合动力电动汽车、燃料电池电动汽车、电动汽车充电技术、新能源汽车购买与使用所涉及的多种典型问题。

全书图文并茂，用简单易懂的文字和彩色图片对新能源汽车200个问题进行了全面解答，通过本书的阅读，可以让更多的人更快、更好地掌握新能源汽车知识、技术及使用，也可以快速查询您所关心的问题。

图书在版编目（CIP）数据

一本书读懂新能源汽车/崔胜民编著. —北京：化学工业出版社，2019.3（2024.1重印）
ISBN 978-7-122-33749-8

Ⅰ.①一… Ⅱ.①崔… Ⅲ.①新能源-汽车 Ⅳ.①U469.7

中国版本图书馆CIP数据核字（2019）第010100号

责任编辑：陈景薇　　　　　　　　　　文字编辑：冯国庆
责任校对：王　静　　　　　　　　　　装帧设计：王晓宇

出版发行：化学工业出版社（北京市东城区青年湖南街13号　邮政编码100011）
印　　装：北京天宇星印刷厂
710mm×1000mm　1/16　印张12¹/₂　字数207千字　2024年1月北京第1版第7次印刷

购书咨询：010-64518888　　　　　　售后服务：010-64518899
网　　址：http://www.cip.com.cn
凡购买本书，如有缺损质量问题，本社销售中心负责调换。

定　　价：68.00元　　　　　　　　　　　　　　　版权所有　违者必究

前言 PREFACE

石油短缺、环境污染、气候变暖是全球汽车产业面临的共同挑战，新能源汽车已经成为汽车工业的发展趋势，一些国家已经公布了停售燃油汽车的时间表。我国是一个石油短缺的国家，又是一个石油消费大国，石油对外依存度逐年增加，已经接近70%。为此，国家多次出台政策，鼓励发展新能源汽车，已经取得较好成效，2018年全国新能源汽车销售突破100万辆，位居世界第一。

随着新能源汽车销售量的快速增长，新能源汽车技术也不断发展，需要了解新能源汽车知识和技术的人也在不断增加，各大汽车企业都开展新能源汽车开发，从事传统汽车开发的技术人员和管理人员迫切需要了解新能源汽车技术，欲购买新能源汽车的用户想了解新能源汽车知识，各高校车辆工程相关专业也都开设了新能源汽车课程。

本书以问答的形式系统介绍了关于新能源汽车的200个问题，其中概述性问题20个，电动汽车用动力电池问题45个，电动汽车驱动电机系统问题30个，纯电动汽车问题25个，混合动力电动汽车问题25个，燃料电池电动汽车问题20个，电动汽车充电技术问题20个，新能源汽车购买与使用问题15个。本书涉及的这些问题既有新能源汽车的基础知识，也有新能源汽车的最新技术和未来发展方向，是一本非常实用的科普书籍。

在本书编写过程中，引用一些网上资料和图片，特向其作者和图片拍摄者、制作者表示深切的谢意。

由于笔者学识有限，书中不足之处在所难免，恳盼读者给予指正。

希望本书的出版能对普及新能源汽车知识，以及发展新能源汽车起到积极的引导和促进作用。

编著者

目录

Chapter 1 新能源汽车概述 /001

1-1 汽车产品发展方向是什么? /001
1-2 汽车产业技术未来发展总目标是什么? /001
1-3 节能汽车及节能途径是什么? /002
1-4 节能汽车总体发展思路是什么? /003
1-5 节能汽车发展目标是什么? /003
1-6 什么是新能源汽车? /004
1-7 为什么要发展新能源汽车? /005
1-8 新能源汽车有哪些类型? /006
1-9 新能源汽车"三纵三横"指的是什么? /007
1-10 新能源汽车发展目标是什么? /008
1-11 新能源汽车发展的重点产品是什么? /008
1-12 新能源汽车关键零部件有哪些? /009
1-13 新能源汽车共性关键技术有哪些? /010
1-14 新能源汽车产业链是怎样的? /010
1-15 发展新能源汽车产业有哪些政策? /011
1-16 什么是汽车双积分制? /011
1-17 汽车双积分政策的含义和意义是什么? /012
1-18 平均燃料消耗量积分是怎样计算的? /013
1-19 新能源汽车积分是怎样计算的? /014
1-20 未来新能源汽车是什么样的? /016

Chapter 2 电动汽车用动力电池 /017

2-1 动力电池有哪些类型? /017
2-2 什么是储能装置? /017
2-3 什么是蓄电池? /018

目录 CONTENTS

2-4 什么是电池电压？ / 019
2-5 什么是电池容量？ / 019
2-6 什么是电池能量？ / 020
2-7 什么是电池密度？ / 020
2-8 什么是电池功率？ / 021
2-9 什么是电池效率？ / 021
2-10 什么是电池寿命？ / 021
2-11 什么是电池放电？ / 022
2-12 蓄电池有哪些结构类型？ / 022
2-13 什么是铅酸蓄电池？ / 023
2-14 铅酸蓄电池的工作原理是怎样的？ / 024
2-15 什么是金属氢化物镍蓄电池？ / 024
2-16 金属氢化物镍蓄电池的工作原理是怎样的？ / 025
2-17 金属氢化物镍蓄电池的基本参数是怎样的？ / 026
2-18 什么是锂离子蓄电池？ / 027
2-19 锂离子蓄电池主要有哪些类型？ / 029
2-20 锂离子蓄电池的工作原理是怎样的？ / 030
2-21 锂离子蓄电池的基本参数是怎样的？ / 031
2-22 什么是锌空气电池？ / 033
2-23 什么是固态电池？ / 033
2-24 固态锂离子蓄电池与液态锂离子蓄电池相比有哪些特点？ / 034
2-25 什么是锂硫电池？ / 035
2-26 什么是金属空气电池？ / 035
2-27 什么是石墨烯电池？ / 036
2-28 什么是超级电容器？ / 037
2-29 什么是燃料电池？ / 037
2-30 什么是燃料电池发电系统？ / 038
2-31 什么是质子交换膜燃料电池？ / 039
2-32 什么是碱性燃料电池？ / 040
2-33 什么是磷酸燃料电池？ / 041

目录

2-34 什么是熔融碳酸盐燃料电池? / 041
2-35 什么是固体氧化物燃料电池? / 042
2-36 什么是直接甲醇燃料电池? / 043
2-37 什么是电池管理系统? / 044
2-38 电池管理系统应具备哪些功能? / 044
2-39 动力电池的荷电状态估算方法有哪些? / 046
2-40 电动汽车对动力电池有哪些要求? / 046
2-41 动力电池总体发展思路是什么? / 047
2-42 动力电池技术发展目标是什么? / 047
2-43 动力电池技术发展路线是怎样的? / 048
2-44 新体系电池技术发展路线是什么? / 050
2-45 动力电池相关标准主要有哪些? / 050

Chapter 3 电动汽车驱动电机系统 / 053

3-1 电动汽车驱动电机的类型有哪些? / 053
3-2 驱动电机型号由哪几部分组成? / 054
3-3 电机的主要性能指标有哪些? / 054
3-4 电动汽车对驱动电机的要求有哪些? / 055
3-5 直流电机有哪些类型? / 056
3-6 直流电机的结构是怎样的? / 056
3-7 直流电机的工作原理是怎样的? / 057
3-8 直流电机的控制方法有哪些? / 057
3-9 无刷直流电机的结构是怎样的? / 058
3-10 无刷直流电机的工作原理是怎样的? / 059
3-11 无刷直流电机的控制方法有哪些? / 060
3-12 异步电机的结构是怎样的? / 060
3-13 异步电机的工作原理是怎样的? / 061

目录 CONTENTS

3-14 异步电机的控制方法有哪些? / 062
3-15 永磁同步电机的结构是怎样的? / 062
3-16 永磁同步电机的工作原理是怎样的? / 063
3-17 永磁同步电机的控制方法有哪些? / 064
3-18 开关磁阻电机的结构是怎样的? / 065
3-19 开关磁阻电机的工作原理是怎样的? / 065
3-20 开关磁阻电机的控制方法有哪些? / 066
3-21 轮毂电机的结构是怎样的? / 067
3-22 轮毂电机的驱动方式是怎样的? / 069
3-23 驱动电机控制器的主要功能是什么? / 069
3-24 驱动电机控制器由哪几部分组成? / 070
3-25 驱动电机控制器的型号由哪几部分组成? / 071
3-26 驱动电机与控制器的匹配关系是怎样的? / 072
3-27 驱动电机系统有哪些接口? / 072
3-28 驱动电机系统接口连接方式有哪些? / 073
3-29 驱动电机系统技术路线是怎样的? / 075
3-30 驱动电机系统相关标准主要有哪些? / 076

Chapter 4
纯电动汽车 / 077

4-1 纯电动汽车的结构与原理是怎样的? / 077
4-2 纯电动汽车单电机驱动系统常用布置形式有哪些? / 078
4-3 纯电动汽车双电机驱动系统常用布置形式有哪些? / 082
4-4 纯电动汽车有什么特点? / 085
4-5 特斯拉电动汽车采用双电机驱动有什么特点? / 085
4-6 如何匹配纯电动汽车驱动电机参数? / 086
4-7 如何匹配纯电动汽车传动系统参数? / 087
4-8 如何匹配纯电动汽车动力电池参数? / 088

目录 CONTENTS

4-9 纯电动汽车整车控制系统是怎样的？／089
4-10 整车控制器由哪几部分组成？／090
4-11 纯电动汽车整车控制器有哪些功能？／091
4-12 整车控制器设计有哪些要求？／092
4-13 什么是电动汽车的电源变换器？／092
4-14 什么是制动能量回收系统？／094
4-15 影响制动能量回收的因素有哪些？／095
4-16 常见制动能量回收控制策略有哪些？／095
4-17 纯电动汽车动力性要求是怎样的？／096
4-18 如何估算纯电动汽车的最高车速？／097
4-19 如何估算纯电动汽车的加速时间？／098
4-20 如何估算纯电动汽车的最大爬坡度？／098
4-21 如何估算纯电动汽车的能量消耗率？／099
4-22 如何估算纯电动汽车的续驶里程？／100
4-23 蓄电池对纯电动汽车续驶里程有哪些影响？／100
4-24 纯电动汽车技术发展路线是怎样的？／100
4-25 电动汽车相关标准主要有哪些？／101

Chapter 5
混合动力电动汽车 ／103

5-1 增程式电动汽车动力传动系统由哪几部分组成？／103
5-2 增程式电动汽车的工作模式有哪些？／104
5-3 增程式电动汽车有什么特点？／106
5-4 什么是增程器？／106
5-5 如何匹配增程器参数？／107
5-6 如何匹配增程式电动汽车蓄电池参数？／108
5-7 增程式电动汽车控制策略有哪些要求？／108
5-8 增程式电动汽车主要控制策略有哪些？／109

5-9 混合动力电动汽车主要类型有哪些？ / 109
5-10 什么是插电式混合动力汽车和油电式混合动力汽车？ / 111
5-11 串联式混合动力电动汽车的结构与原理是怎样的？ / 112
5-12 并联式混合动力电动汽车的结构与原理是怎样的？ / 113
5-13 混联式混合动力电动汽车的结构与原理是怎样的？ / 114
5-14 并联式混合动力电动汽车驱动方式有哪几种？ / 115
5-15 混合动力电动汽车有什么特点？ / 116
5-16 混合动力电动汽车动力耦合有哪几种类型？ / 116
5-17 串联式混合动力电动汽车的工作模式是怎样的？ / 118
5-18 并联式混合动力电动汽车的工作模式是怎样的？ / 120
5-19 混联式混合动力电动汽车的工作模式是怎样的？ / 122
5-20 丰田普锐斯混合动力电动汽车行驶工况是怎样的？ / 124
5-21 如何匹配混合动力电动汽车发动机和驱动电机参数？ / 126
5-22 如何匹配混合动力电动汽车蓄电池参数？ / 127
5-23 混合动力电动汽车能量管理策略是怎样的？ / 128
5-24 混合动力电动汽车技术路线是怎样的？ / 128
5-25 混合动力电动汽车相关标准主要有哪些？ / 128

Chapter 6

燃料电池电动汽车 / 130

6-1 燃料电池电动汽车与传统汽车有什么不同？ / 130
6-2 三种新能源汽车各有何优缺点？ / 130
6-3 燃料电池电动汽车由哪几部分组成？ / 131
6-4 燃料电池电动汽车的工作原理是怎样的？ / 132
6-5 燃料电池电动汽车有哪些类型？ / 133
6-6 燃料电池电动汽车有哪些特点？ / 135
6-7 燃料电池电动汽车DC/DC变换器有什么作用？ / 135
6-8 燃料电池电动汽车DC/DC变换器的性能有哪些要求？ / 136

目录 CONTENTS

6-9 质子交换膜燃料电池供氢系统的结构是怎样的？ / 136
6-10 氢气的制备方法主要有哪些？ / 137
6-11 氢气储存方法主要有哪些？ / 138
6-12 储氢罐主要有哪些类型？ / 138
6-13 燃料电池电动汽车能量控制策略主要有哪些？ / 139
6-14 丰田 Mirai 燃料电池电动汽车行驶工况是怎样的？ / 140
6-15 如何匹配燃料电池电动汽车驱动电机参数？ / 142
6-16 如何匹配燃料电池电动汽车燃料电池参数？ / 143
6-17 如何匹配燃料电池电动汽车辅助动力源参数？ / 144
6-18 燃料电池电动汽车的总体发展思路是什么？ / 144
6-19 燃料电池电动汽车的技术发展路线是怎样的？ / 145
6-20 燃料电池电动汽车相关标准主要包括哪些？ / 146

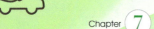

Chapter 7 电动汽车充电技术 / 148

7-1 电动汽车如何补充能量？ / 148
7-2 电动汽车对充电设备有什么要求？ / 149
7-3 什么是电动汽车的快充和慢充？ / 150
7-4 电动汽车快充和慢充的充电接口有什么不同？ / 151
7-5 电动汽车充电系统是怎样的？ / 152
7-6 什么是交流充电桩和直流充电桩？ / 153
7-7 常规充电方法有哪些？ / 155
7-8 快速充电方法有哪些？ / 156
7-9 什么是车载充电机？ / 158
7-10 车载充电机的技术参数是怎样的？ / 159
7-11 什么是车载双向充电机？ / 160
7-12 什么是非车载充电机？ / 161
7-13 非车载充电机的技术参数是怎样的？ / 162

目录 CONTENTS

7-14 什么是电动汽车无线充电？　/162
7-15 什么是电动汽车移动充电？　/164
7-16 什么是电动汽车光伏充电站？　/164
7-17 充电设施运营模式有哪些？　/165
7-18 各种充电设施运营模式有什么特点？　/166
7-19 充电基础设施发展目标是什么？　/167
7-20 充电基础设施相关标准主要有哪些？　/168

Chapter 8
新能源汽车购买与使用　/170

8-1 购买新能源汽车要注意哪些事项？　/170
8-2 购买纯电动汽车主要看哪些技术指标？　/171
8-3 电动汽车使用的主流电池类型是什么？　/173
8-4 新能源汽车牌照是怎样的？　/175
8-5 购买新能源汽车补贴标准是怎样的？　/175
8-6 驾驶新能源汽车需要重新考驾照吗？　/176
8-7 电动汽车与燃油汽车的行驶性能有差异吗？　/176
8-8 驾驶电动汽车要注意哪些事项？　/177
8-9 电动汽车充电要注意哪些事项？　/178
8-10 电动汽车在充电过程中如何防止过充？　/179
8-11 电动汽车如何保养？　/179
8-12 电动汽车动力电池系统常见故障及排除方法有哪些？　/180
8-13 电动汽车驱动电机系统常见故障及排除方法有哪些？　/181
8-14 电动汽车主电机控制器常见故障及排除方法有哪些？　/183
8-15 如何测算电动汽车和燃油汽车的使用成本？　/184

1 新能源汽车概述

1-1 汽车产品发展方向是什么?

我国汽车产品发展方向主要是节能汽车、新能源汽车和智能网联汽车,如图1-1所示。汽车技术发展趋势是电动化、智能化和网联化。

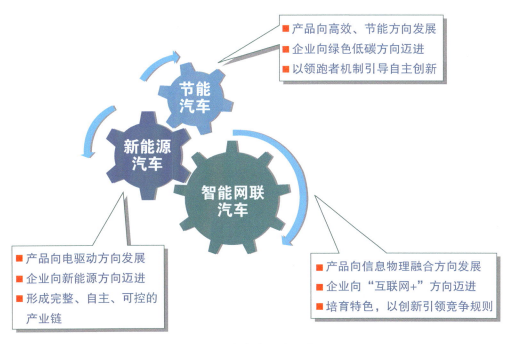

图1-1 汽车产品发展方向

1-2 汽车产业技术未来发展总目标是什么?

到2030年,我国汽车产业技术发展总目标见表1-1。

表1-1 汽车产业技术发展总目标

年份		2020年	2025年	2030年
总目标	乘用车油耗	乘用车新车平均油耗5.0L/100km	乘用车新车平均油耗4.0L/100km	乘用车新车油耗3.2L/100km
	商用车油耗	商用车新车油耗接近国际先进水平	商用车新车油耗达到国际先进水平	商用车新车油耗与国际先进水平同步
	新能源汽车	新能源汽车销量占汽车总体销量比例达到7%以上	新能源汽车销量占汽车总体销量比例达到20%以上	新能源汽车销量占汽车总体销量比例达到40%以上
	汽车智能化	驾驶辅助/部分自动驾驶车辆市场占有率达到50%	高度自动驾驶车辆市场占有率达到约15%	完全自动驾驶车辆市场占有率接近10%

1-3 节能汽车及节能途径是什么？

节能汽车是指以内燃机为主要动力系统，综合工况燃料消耗量优于下一阶段目标值的汽车，包括燃油汽车、常规混合动力汽车和替代燃料汽车等。

乘用车六大节能途径分别是总体执行车辆轻量化/小型化、大力发展混合动力、动力总成升级优化、电子电器节能效果、降低摩擦损失、替代燃料分担，如图1-2所示。

推动车辆轻量化/小型化
- 紧凑型以及以下车辆占比，2020年超过55%、2025年约为60%、2030年约为70%
- 轻量化产品、技术、工艺加速应用

大力发展混合动力
- 2020年占比达到8%，油耗4L/100km
- 2025年占比提升至20%，油耗3.6L/100km
- 2030年占比提升至25%，油耗3.3L/100km

动力总成升级优化
- 2020年汽油机热效率提升至40%
- 2025年汽油机热效率提升至44%
- 2030年通过采用均质充量压燃(HCCI)等技术使热效率提升至48%

提升电子电器节能效果
- 大力发展48V系统
- 电动空调、电动助力转向系统(EPS)等技术成为标配
- 持续电能损耗

降低摩擦损失
- 前期低滚阻
- 中期低内阻
- 后期低风阻

替代燃料分担
- 以天然气为主
- 2030年占比提高至8%

图1-2 乘用车节能途径

商用车六大节能路径分别是总体执行动力总成升级优化、逐步发展混合动力、替代燃料分担、持续推进轻量化、空气动力学优化、降低运行能耗，如图 1-3 所示。

动力总成升级优化
- 高压低速高扭、电控优化、小后桥速比，实现热效率 50%
- 发动机热管理技术、自动变速器等，实现热效率 52%
- 朗肯循环等，实现热效率 55%

逐步发展混合动力
- 系统构型、关键零部件研究
- 中后期成本下降后，逐步向重型商用车推广

替代燃料分担
- 适度推动以天然气为主的替代燃料商用车稳定发展
- 示范运营和试点应用

持续推进轻量化

空气动力学优化
- 前期重点发展低滚阻
- 中后期大力开展流线型外观设计和优化

降低运行能耗
- 跟踪车辆队列、提升运输效率等新型节能技术
- 智能网联技术成熟后逐步应用

图 1-3　商用车节能途径

1-4 节能汽车总体发展思路是什么？

① 以混合动力技术为重点，以动力总成优化升级、降低摩擦阻力和先进电子电器技术为支撑，全面提升传统燃油汽车节能技术和燃油经济性水平。

② 以结构节能与技术节能并重，加快紧凑型及以下小型车的推广，显著提高小型车比例。

③ 以发展天然气车辆为主要方向，因地制宜地适度发展替代燃料汽车，推动我国汽车燃料的低碳化和多元化，降低对石油的依赖。

1-5 节能汽车发展目标是什么？

节能汽车发展目标包括体系目标、产品目标、技术和产业目标、经济目标、社会目标、综合目标，如图 1-4 所示。

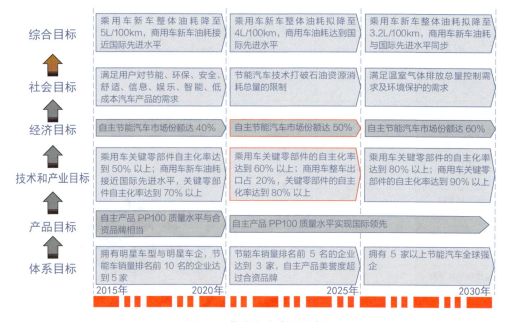

图 1-4　节能汽车发展目标

1-6 什么是新能源汽车？

新能源汽车是指采用非常规的车用燃料作为动力来源（或使用常规的车用燃料、采用新型车载动力装置），综合车辆的动力控制和驱动方面的先进技术，形成的技术原理先进，具有新技术、新结构的汽车，如图 1-5 所示。

图 1-5　新能源汽车

非常规的车用燃料指除汽油、柴油、天然气、液化石油气、乙醇汽油、甲醇、二甲醚之外的燃料。

新型车载动力装置主要是指以电机为驱动的动力装置。

1-7 为什么要发展新能源汽车？

目前，我国是世界第一汽车生产大国和第一新车销售市场，汽车保有量快速增长。到2025年，预计汽车保有量达到3亿辆，千人汽车保有量达到210辆。随着汽车保有量的增加，将带来石油短缺、环境污染、气候变暖等社会问题，如图1-6所示。

在能源和环保的压力下，新能源汽车无疑成为汽车的发展方向。一些国家已经宣布禁售燃油汽车的时间表，荷兰和挪威从2025年禁售燃油汽车，印度和德国从2030年禁售燃油汽车，法国和英国从2040年禁售燃油汽车，如图1-7所示。因此，我国要大力发展新能源汽车，促进汽车转型升级。

（a）石油短缺

（b）环境污染

（c）气候变暖

图1-6　汽车快速增长引发的问题

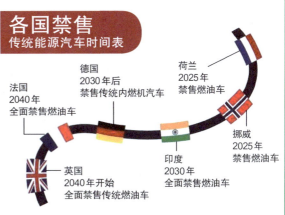

图1-7　各国禁售燃油汽车时间

1-8 新能源汽车有哪些类型?

新能源汽车主要分为纯电动汽车、增程式电动汽车、混合动力电动汽车和燃料电池电动汽车。

（1）纯电动汽车　纯电动汽车是指驱动能量完全由电能提供的、由电机驱动的汽车。电机的驱动电能来源于车载可充电储能系统或其他能量储存装置，如图1-8所示。

图1-8　纯电动汽车

（2）增程式电动汽车　增程式电动汽车是一种在纯电动模式下可以达到其所有的动力性能，而当车载可充电储能系统无法满足续驶里程要求时，打开车载辅助供电装置为动力系统提供电能，以延长续驶里程的电动汽车，且该车载辅助供电装置与驱动系统没有传动轴（带）等传动连接。它是介于纯电动汽车和混合动力电动汽车之间的一种过渡车型，具有纯电动汽车和混合动力电动汽车的特征，有人把它划分为纯电动汽车范畴，也有人把它划分为混合动力电动汽车范畴，认为它是一种插电式串联混合动力电动汽车，如图1-9所示。

图1-9　增程式电动汽车

（3）混合动力电动汽车　混合动力电动汽车是指能够至少从下述两类车载储存的能量中获得动力的汽车，如图1-10所示。

① 可消耗的燃料。

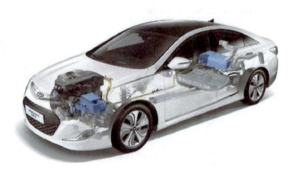

图1-10　混合动力电动汽车

② 可再充电能/能量储存装置。

混合动力电动汽车分为可外接充电式混合动力电动汽车和不可外接充电式混合动力电动汽车。**可外接充电式混合动力电动汽车**是指正常使用情况下可从非车载装置中获取电能的混合动力电动汽车，插电式混合动力电动汽车属于此类型；**不可外接充电式混合动力电动汽车**是指正常使用情况下从车载燃料中获取全部能量的混合动力电动汽车。我国把不可外接充电式混合动力电动汽车划分为节能汽车，插电式混合动力电动汽车划分为新能源汽车。

（4）**燃料电池电动汽车** 燃料电池电动汽车是以燃料电池系统作为单一动力源或者是以燃料电池系统与可充电储能系统作为混合动力源的电动汽车，如图1-11所示。

图1-11 燃料电池电动汽车

燃料电池电动汽车实质上是纯电动汽车的一种，主要区别在于动力电池的工作原理不同。一般来说，燃料电池是通过电化学反应将化学能转化为电能，电化学反应所需的还原剂一般采用氢气，氧化剂则采用氧气，因此最早开发的燃料电池电动汽车多是直接采用氢燃料，氢气的储存可采用液化氢、压缩氢气或金属氢化物储氢等形式。

1-9 新能源汽车"三纵三横"指的是什么？

新能源汽车三纵指的是纯电动汽车、插电式混合动力电动汽车和燃料电池电动汽车；三横指的是电池、电机及电控，如图1-12所示。

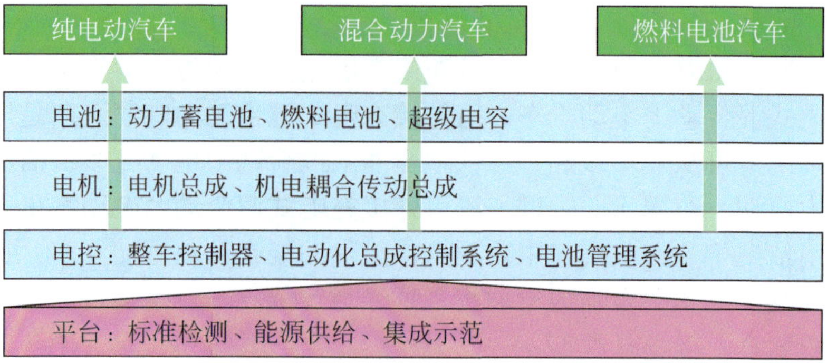

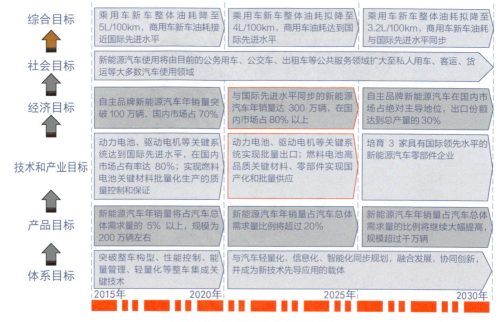

图 1-12 新能源汽车"三纵三横"

1-10 新能源汽车发展目标是什么？

新能源汽车发展目标如图 1-13 所示。

图 1-13 新能源汽车发展目标

1-11 新能源汽车发展的重点产品是什么？

新能源汽车发展的重点产品是插电式混合动力汽车、纯电动汽车和燃料电池汽车，如图 1-14 所示。

	插电式混合动力汽车（PHEV）	纯电动汽车（EV）	燃料电池汽车（FCEV）
市场及其规模	在紧凑型及以上乘用车的私人用车、公务用车以及其他日均行驶里程较短的使用领域实现大规模应用	在中型及以下乘用车的城市家庭第二辆用车、租赁服务、公务车领域实现大批量应用	在城市私人用车、公共服务用车领域实现区域小规模运行
整车技术水平	混合动力模式下整车油耗相比传统燃油车节油25%以上	乘用车：法规工况整车电量消耗小于11.5kW·h/100km 公共客车：法规工况整车电量消耗量小于3.2kW·h/(100km·t)	整车耐久性超过15万千米，燃料电池堆使用寿命超过5000h。在当期政策下优于传统动力车型整车全生命周期成本（TCO）
关键部件掌控	关键零部件国产化率超过80%	关键零部件国产化率超过80%	掌握双极板、膜电极等关键材料部件制造工艺，关键材料及电堆产品国产化率超过50%

图 1-14　新能源汽车发展的重点产品

1-12 新能源汽车关键零部件有哪些？

新能源汽车关键零部件主要有驱动电机、电机控制器、动力电池系统、增程式发动机、机电耦合装置、燃料电池堆及系统、高压总成、整车控制器、轻量化车身等，如图1-15所示。

驱动电机	电机控制器	动力电池系统
研发与商品化能力达到国际先进水平，乘用车驱动电机20s有效比功率超过4kW/kg，商用车30s有效比扭矩超过19N·m/kg	实现功率密度不低于25kW/L，综合性能达到国际先进水平，自主率达到60%以上	电池单体比能量达到400W·h/kg以上，成本降至0.8元/(W·h)；系统成本降至1元/(W·h)
增程式发动机	**机电耦合装置**	**燃料电池堆及系统**
增程式发动机最低比油耗降至225g/(kW·h)以下，自主化率达到80%	纯电驱动系统最高传动效率达到93%以上，机电耦合变速器实现高集成度专用化	冷启动温度达到-30℃以下，体积比功率达到3kW/L，寿命超过5000h，燃料电池系统产能超过10万套
高压总成	**整车控制器**	**轻量化车身**
DC/DC、充电器系统效率达到95%以上，高压继电器、熔断器实现小型化、低成本；高压铝导线实现大批量应用	具备与3S系统相结合的智能行驶控制功能，整车控制器自主化率达到80%，自主实时操作系统应用率达到50%	实现复合材料/混合材料技术突破，降低成本，在新能源汽车上的应用率达到30%，自主率超过50%

图 1-15　新能源汽车关键零部件

1-13 新能源汽车共性关键技术有哪些？

新能源汽车共性关键技术主要有整车集成技术、电驱动技术、能量存储技术、燃料电池技术、高压电气技术等，如图1-16所示。

整车集成技术	突破融合多信息、以能量管理为核心的整车智能控制技术，高集成度的动力系统电动化等技术难题，开发太阳能电池整车集成应用技术
电驱动技术	突破电机与传动装置、逆变器集成，高集成电驱动系统专用变速器等技术难题
能量存储技术	突破宽温度、长寿命、全固态电池，低成本、高集成化电池管理等技术难题
燃料电池技术	突破高可靠性膜、催化剂及双极板，高可靠性供给系统及其关键部件等技术难题
高压电气技术	突破无线充电、高耐压等级薄壁绝缘层等技术难题

图1-16 新能源汽车共性关键技术

1-14 新能源汽车产业链是怎样的？

新能源汽车产业链如图1-17所示。

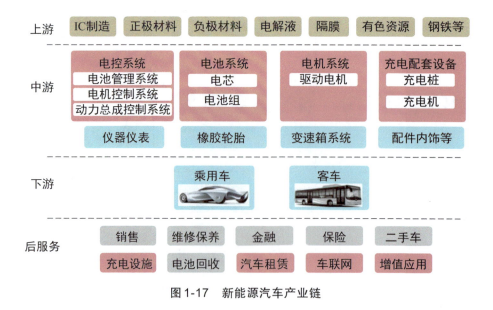

图1-17 新能源汽车产业链

产业链上游是资源类企业,主要为新能源汽车提供原始材料;产业链中游涉及新能源汽车核心技术——电机系统、电池系统、电控系统以及充电配套设备;下游及后服务产业链主要从事整车制造及配套服务。

1-15 发展新能源汽车产业有哪些政策?

为了鼓励新能源汽车发展,我国已经建立了比较完善的政策体系,从宏观统筹、推广应用、行业管理、财税优惠、技术创新、基础设施等方面全面推动了我国新能源汽车产业快速发展,如图1-18所示。

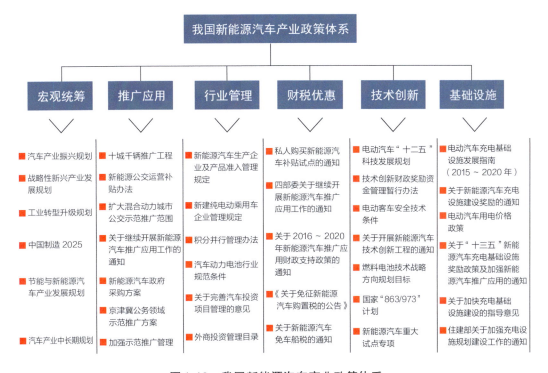

图1-18 我国新能源汽车产业政策体系

1-16 什么是汽车双积分制?

工业和信息化部、财政部、商务部、海关总署、国家质检总局五部门联合公布的《乘用车企业平均燃料消耗量与新能源汽车积分并行管理办法》,简称《双积分管理办法》,自2018年4月1日起施行。

汽车双积分就是平均燃料消耗量积分+新能源汽车积分。政府将从两个方面对乘用车企业进行积分核算管理，平均燃油消耗量负积分可以与新能源汽车积分之间进行交易、抵偿、转让等。简单来说，如果企业没有生产新能源汽车或产量不够，要想不遭到停产高油耗车型的处罚，就需要向其他制造商购买新能源积分来补偿自己的负分。

双积分管理机制如图1-19所示。

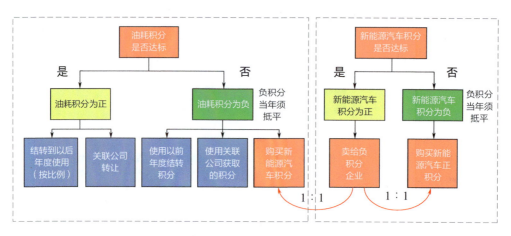

图1-19　双积分管理机制

1-17 汽车双积分政策的含义和意义是什么？

汽车双积分政策的含义如图1-20所示。

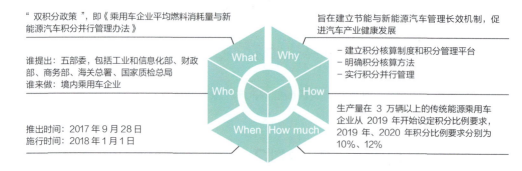

图1-20　汽车双积分政策的含义

实施双积分政策的意义如图1-21所示。

是全球最受关注的单一国家产业政策
- 汽车电动化是我国能源安全的战略需要
- 我国石油对外依赖度很大,串联式能源供给航线只要其中单点出问题,就将影响国家能源安全。电动汽车主要能源为电力,无须外部管道供给,并且内部供给成网格循环型
- "双积分政策"对保障国家能源安全有重要意义

将从根本上改变全球汽车产业格局
- 电动化和智能化是汽车未来的发展趋势
- "双积分政策"用积分奖惩机制阻断了燃油车产业发展,促进新能源汽车发展
- "双积分政策"将颠覆现有汽车产业,对当前燃油机市场销量龙头企业将是巨大考验,市场格局将重新划分

图 1-21 实施双积分政策的意义

1-18 平均燃料消耗量积分是怎样计算的?

企业平均燃料消耗量积分是根据乘用车企业平均燃料消耗量实际值和企业平均燃料消耗量目标值计算的,见表 1-2。

表 1-2 平均燃料消耗量积分计算

名称	计算公式	符号注释
企业平均燃料消耗量实际值	$\text{CAFC} = \dfrac{\sum_{i=1}^{N} \text{FC}_i V_i}{\sum_{i=1}^{N} V_i W_i}$	i 为乘用车车型序号 FC_i 为第 i 个车型的燃料消耗量 V_i 为第 i 个车型的年度生产量或进口量 N 为车型数量 W_i 为第 i 个车型对应倍数 T_i 为第 i 个车型对应燃料消耗量目标值 α 为企业平均燃料消耗量要求,2018~2020 年分别为 120%、110%、100%
企业平均燃料消耗量达标值	$T_{\text{CAFC}} = \dfrac{\sum_{i=1}^{N} T_i V_i}{\sum_{i=1}^{N} V_i}$	
企业平均燃料消耗量积分	$C_{\text{CAFC}} = (\alpha T_{\text{CAFC}} - \text{CAFC}) \sum_{i=1}^{N} V_i$	

实际值低于达标值产生正积分,高于达标值产生负积分,如图 1-22 所示。

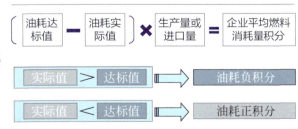

图 1-22 乘用车企业平均燃料消耗量积分

1-19 新能源汽车积分是怎样计算的?

新能源乘用车标准车型积分计算方法见表1-3。

表1-3 新能源乘用车标准车型积分计算方法

车辆类型	标准车型积分	备注
纯电动乘用车	$0.012R+0.8$	① R 为电动汽车续驶里程(工况法),单位为km ② P 为燃料电池系统额定功率,单位为kW ③ 标准车型积分上限为5分 ④ 车型积分计算结果按四舍五入原则保留两位小数
插电式混合动力乘用车	2	
燃料电池乘用车	$0.16P$	

对纯电动乘用车30min最高车速不低于100km/h,续驶里程(工况法)不低于100km,且按整备质量 m(kg)不同,纯电动乘用车工况条件下百公里电耗 Y(kW·h/100km)满足条件一但是不满足条件二的,车型积分按照标准车型积分的1倍计算;满足条件二的,按照1.2倍计算;其余车型按照0.5倍计算,且积分仅限本企业使用。

条件一:$m \leq 1000$ 时,$Y \leq 0.014m+0.5$
$1000 < m \leq 1600$ 时,$Y \leq 0.012m+2.5$
$m > 1600$ 时,$Y \leq 0.005m+13.7$

条件二:$m \leq 1000$ 时,$Y \leq 0.0098m+0.35$
$1000 < m \leq 1600$ 时,$Y \leq 0.0084m+1.75$
$m > 1600$ 时,$Y \leq 0.0035m+9.59$

纯电动乘用车积分计算实例如图1-23所示。

纯电动车型A
整备质量:1270kg
续驶里程:185km
百公里电耗:12.3kW·h

❶ 标准车型积分 = $0.012 \times 185 + 0.8 = 3.02$

❷ 确定积分倍数

电耗值	条件一	条件二
12.3	17.74	12.418

电耗值满足条件二,积分倍数为1.2倍

❸ 计算单车分值(保留两位小数)
单车分值 = $3.02 \times 1.2 = 3.62$

图1-23 纯电动乘用车积分计算实例

插电式混合动力乘用车纯电驱动模式续驶里程不低于50km,但不满80km的插电式混合动力乘用车车型,其条件B试验燃料消耗量与《乘用车燃料消耗量限值》中车型对应的燃料消耗量限值相比应当小于70%;

纯电驱动模式续驶里程在80km以上的插电式混合动力乘用车车型，其条件A试验电能消耗量应当满足纯电动乘用车条件一的要求，车型积分按照标准车型积分的1倍计算。

插电式混合动力乘用车积分计算实例如图1-24所示。

图1-24　插电式混合动力乘用车积分计算实例

燃料电池乘用车续驶里程不低于300km，燃料电池系统额定功率不低于驱动电机额定功率的30%，并且不小于10kW的，车型积分按照标准车型积分的1倍计算。

燃料电池乘用车积分计算实例如图1-25所示。

图1-25　燃料电池乘用车积分计算实例

新能源汽车积分计算见表1-4。

表1-4　新能源汽车积分计算

名称	计算公式	符号注释
新能源汽车积分实际值	$C_{NEV实际值} = \sum_{i=1}^{N} C_i V_{i\text{-}NEV}$	i 为乘用车车型序号 C_i 为第 i 个新能源汽车车型积分 $V_{i\text{-}NEV}$ 为第 i 个新能源汽车车型的年度生产量（不含出口）或进口量 β 为新能源汽车积分比例要求 $V_{i\text{-}CV}$ 为第 i 个传统能源乘用车车型的年度生产量（不含出口）或进口量
新能源汽车积分达标值	$C_{NEV达标值} = \beta \sum_{i=1}^{N} V_{i\text{-}CV}$	
新能源汽车积分	$C_{NEV} = C_{NEV实际值} - C_{NEV达标值}$	

双积分政策指出，对传统能源乘用车年度生产量或者进口量不满3

万辆的企业,不设定新能源汽车积分比例要求;达到3万辆以上的企业,从2019年开始设定新能源汽车积分比例要求。2019年、2020年,新能源汽车积分比例要求分别为10%、12%。2021年及以后年度的新能源汽车积分比例要求,由工业和信息化部另行公布。

1-20 未来新能源汽车是什么样的?

未来新能源汽车应具有以下特征。

① 采用清洁电能。目前多数通过火力发电,煤是电力的主要来源,先通过燃烧煤产生电,接着给电动汽车充电,然后由电能再转化成动力,二次转化效率低,而且采煤、烧煤对环境一定是有负面影响的。因此,新能源汽车必须采用清洁电能,如风能、水能、太阳能、氢能等。

② 电池技术满足用户使用方便要求。要突破电池的储能和充电技术,新能源汽车使用的方便性要接近于现在的燃油汽车。

③ 新能源汽车是自动驾驶的最好载体。智能化、网联化、共享化都能体现在新能源汽车上。

④ 新能源汽车是一个移动的智能终端,乘车人可以在车里看书、上网、购物、办公等。

⑤ 未来新能源汽车发展的终极目标是无人驾驶,如图1-26所示。

图1-26　未来无人驾驶新能源概念车

2 电动汽车用动力电池

2-1 动力电池有哪些类型？

动力电池是电动汽车的动力源,是能量的存储装置,其类型见表2-1。

表2-1 动力电池类型

动力电池类型	定义	举例
化学电池	利用物质的化学反应发电的电池	铅酸蓄电池、镍铬蓄电池、金属氢化物镍蓄电池、锂离子蓄电池(又称锂蓄电池)、燃料电池等
物理电池	利用光、热、物理吸附等物理能量发电的电池	飞轮电池、超级电容、太阳能电池等
生物电池	利用生物化学反应发电的电池	微生物电池、酶电池、生物太阳能电池等

化学电池和物理电池已经应用于量产电动汽车中,如金属氢化物镍蓄电池、锂离子蓄电池、超级电容,而生物电池则被视为未来电动汽车动力电池的重要发展方向之一,目前处于试验研究中。

2-2 什么是储能装置？

储能装置是指安装在电动汽车上储存电能的装置,主要有各种动力蓄电池、燃料电池和超级电容等,如图2-1所示。

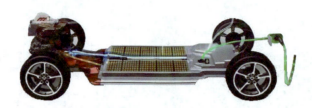

（a）蓄电池电动汽车

（b）燃料电池电动汽车　　　　（c）超级电容电动汽车

图 2-1　不同储能装置的电动汽车

2-3 什么是蓄电池？

蓄电池是一种将所获得的电能以化学能的形式储存并可以将化学能转变为电能的电化学装置，可以重复充电和放电。如图 2-2 所示为汽车蓄电池的工作原理，启动发动机时，给予起动机强大的启动电流；发动机工作时，发电机向蓄电池充电，将部分电能转化成化学能存储起来。

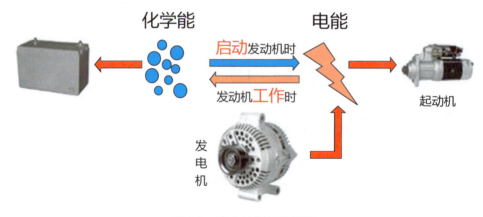

图 2-2　蓄电池的工作原理

蓄电池分为动力蓄电池和辅助蓄电池,动力蓄电池为电动汽车动力系统提供能量,以锂离子蓄电池为主;辅助蓄电池为电动汽车低压辅助系统供电,以铅酸蓄电池为主。

蓄电池主要包括铅酸蓄电池、镍铬蓄电池、金属氢化物镍蓄电池、锂离子蓄电池等。

2-4 什么是电池电压?

电池电压见表2-2。

表2-2 电池电压

电池电压	定义
标称电压	由厂家指定的用以标识电池的适宜的电压近似值,也称为额定电压
端电压	电池正极与负极之间的电位差
开路电压	电池在开路状态下的端电压,即电池在没有负载情况下的端电压
负载电压	电池接上负载后处于放电状态下的端电压
充电终止电压	电池正常充电时允许达到的最高电压
放电终止电压	电池正常放电时允许达到的最低电压

2-5 什么是电池容量?

电池容量是指完全充电的蓄电池在规定条件下所释放的总的电量,单位为A·h或kA·h,它等于放电电流与放电时间的乘积,1A·h就是电池能在1A的电流下放电1h,具体见表2-3。

表2-3 电池容量

电池容量	定义
额定容量	在规定条件下测得的并由制造商标明的电池容量值
n小时率容量	完全充电蓄电池以n小时率放电电流放电,达到规定终止条件时所释放的容量
初始容量	新出厂的动力蓄电池,在室温下完全充电后,以1h率放电电流放电至企业规定的放电终止条件时所放出的容量
可用容量	在规定条件下,从完全充电的蓄电池中释放的容量值
理论容量	假设活性物质完全被利用,蓄电池可释放的容量值
荷电状态	蓄电池按照规定放电条件可以释放的容量占可用容量的百分比

2-6 什么是电池能量？

电池能量是指在一定放电制度下电池所能输出的电能，单位为 W·h 或 kW·h，具体见表2-4。

表2-4 电池能量

电池能量	定义
初始能量	新出厂的动力蓄电池，在室温下以1h率电流放电至企业规定的放电终止条件时所放出的能量
放电能量	蓄电池放电时输出的电能
额定能量	室温下完全充电的电池以1h率电流放电，达到放电终止电压时放出的能量
比能量	从蓄电池的单位质量或单位体积所获取的电能
质量比能量	从蓄电池的单位质量所获取的电能，单位为 W·h/kg
体积比能量	从蓄电池的单位体积所获取的电能，单位为 W·h/L

2-7 什么是电池密度？

电池密度包括**能量密度**和**功率密度**，能量密度又分为质量能量密度和体积能量密度，功率密度又分为质量功率密度和体积功率密度，见表2-5。

表2-5 电池密度

电池密度	定义
能量密度	从蓄电池的单位质量或单位体积所获取的电能，用 W·h/kg、W·h/L 来表示
质量能量密度	从蓄电池的单位质量所获取的电能，单位为 W·h/kg，也称为比能量
体积能量密度	从蓄电池的单位体积所获取的电能，单位为 W·h/L，也称为体积比能量
功率密度	从蓄电池的单位质量或单位体积所获取的输出功率，用 W/kg、W/L 来表示
质量功率密度	从蓄电池的单位质量所获取的输出功率，单位为 W/kg，也称为比功率
体积功率密度	从蓄电池的单位体积所获取的输出功率，单位为 W/L，也称为体积比功率

2-8 什么是电池功率？

电池功率是指电池在一定放电制度下，单位时间内所输出能量的大小，单位为 W 或 kW，具体见表 2-6。

表 2-6 电池功率

电池功率	定义
峰值放电功率	蓄电池在特定时间（一般不大于 30s）内能够放电的最大功率
峰值充电功率	蓄电池在特定时间内以规定条件能够充电的最大功率
高温启动功率	蓄电池系统 SOC 在 20% 或制造商允许的最低 SOC 时，在 40℃下恒压放电（可根据制造商提供的参数设定放电电流上限）输出的功率
低温启动功率	蓄电池系统 SOC 在 20% 或制造商允许的最低 SOC 时，在 -20℃下恒压放电（可根据制造商提供的参数设定放电电流上限）输出的功率
比功率	从蓄电池的单位质量或单位体积电池所获取的输出功率
质量比功率	从蓄电池的单位质量所获取的输出功率，单位为 W/kg
体积比功率	从蓄电池的单位体积所获取的输出功率，单位为 W/L

2-9 什么是电池效率？

动力电池作为能量存储器，充电时把电能转化为化学能储存起来，放电时把电能释放出来。在这个可逆的电化学转换过程中，有一定的能量损耗。通常用电池的容量效率和能量效率来表示。**容量效率**是指电池放电时输出的容量与充电时输入的容量之比；**能量效率**是指电池放电时输出的能量与充电时输入的能量之比。

2-10 什么是电池寿命？

电池寿命分为使用寿命和循环寿命。**使用寿命**是指电池在规定条件下的有效寿命期限。电池发生内部短路或损坏而不能使用，以及容量达不到规范要求时电池使用失效，这时电池的使用寿命终止。**循环寿命**是在指定的充放电终止条件下，以特定的充放电制度进行充放电，动力蓄电池在不能满足寿命终止标准前所能进行的循环数。

2-11 什么是电池放电？

电池放电是将蓄电池里储存的化学能以电能的方式释放出来的过程,具体见表2-7。

表2-7 电池放电

电池放电	定义
工况放电	模拟实际运行时的负荷,用相应的负载进行放电的过程
恒流放电	蓄电池以某个设定的恒定电流进行放电
恒压放电	蓄电池以某个设定的恒定电压进行放电
恒功率放电	蓄电池以某个设定的恒定功率进行放电
倍率放电	蓄电池以1h放电率电流值的倍数进行放电
过放电	蓄电池完全放电后继续进行放电

2-12 蓄电池有哪些结构类型？

蓄电池的结构类型主要有单体蓄电池、蓄电池模块、蓄电池包、蓄电池系统,如图2-3所示。

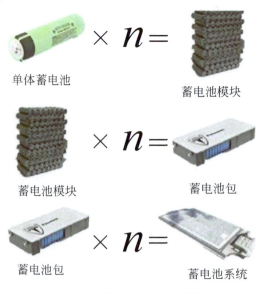

图2-3 蓄电池的结构类型

(1)**单体蓄电池** 将化学能与电能进行相互转换的基本单元装置,通常包括电极、隔膜、电解质、外壳和端子,并被设计成可充电,也称为电芯。

(2)**蓄电池模块** 将一个以上单体蓄电池按照串联、并联或混联方式组合,并作为电源使用的组合体,也称为蓄电池组。

(3)**蓄电池包** 蓄电池包通常包括蓄电池组、蓄电池管理系统、蓄电池箱及相应附件(冷却部件、连接线缆等),具有从外部获得电能并可对外输出电能的单元。

(4)**蓄电池系统** 蓄电池系统是指一个或一个以上蓄电池包及相应附件(管理系统、高压电路、低压电路、热管理设备及机械总成等)构成的能量存储装置。

2-13 什么是铅酸蓄电池?

铅酸蓄电池是指正极活性物质使用二氧化铅,负极活性物质使用海绵状铅,并以硫酸溶液为电解液的蓄电池。铅酸蓄电池主要用在低速电动汽车上。

铅酸蓄电池由正负极板、隔板、溢气阀、壳体等组成,如图2-4所示。

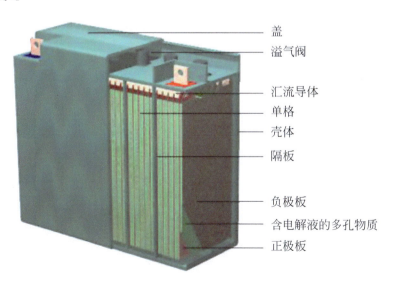

图2-4 铅酸蓄电池的结构

2-14 铅酸蓄电池的工作原理是怎样的？

铅酸蓄电池使用时，把化学能转换为电能的过程叫放电。在使用后，借助于直流电在电池内进行化学反应，把电能转变为化学能而储存起来，这种存电过程叫充电。铅酸蓄电池是酸性蓄电池，其化学反应式为

$$PbO + H_2SO_4 \longrightarrow PbSO_4 + H_2O$$

充电时电池总的化学反应为

$$2PbSO_4 + 2H_2O \longrightarrow Pb + PbO_2 + 2H_2SO_4$$

放电时电池总的化学反应为

$$Pb + PbO_2 + 2H_2SO_4 \longrightarrow 2PbSO_4 + 2H_2O$$

2-15 什么是金属氢化物镍蓄电池？

金属氢化物镍蓄电池是指正极使用镍氧化物、负极使用可吸收释放氢的储氢合金、以氢氧化钾为电解质的蓄电池。

电动汽车用金属氢化物镍蓄电池可分为圆柱形和方形两种，如图2-5所示。

（a）圆柱形　　　　　　　　（b）方形

图2-5　金属氢化物镍蓄电池的实物形状

圆柱形金属氢化物镍蓄电池的基本结构如图2-6所示，主要由正极、负极、分离层、金属外壳等组成。金属氢化物镍蓄电池正极是活性物质氢氧化镍，负极是储氢合金，分离层是隔膜纸，用氢氧化钾作为电解质，在正负极之间有分离层，共同组成金属氢化物镍单体蓄电池。在金

属铂的催化作用下，完成充电和放电的可逆反应。在圆柱形电池中，正负极用隔膜纸分开卷绕在一起，然后密封在金属外壳中。

在方形电池中，正负极由隔膜纸分开后叠成层状密封在外壳中。

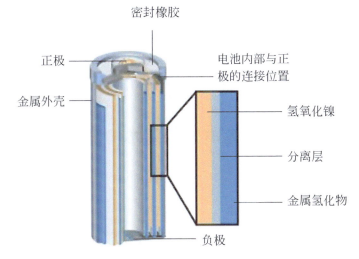

图2-6　圆柱形金属氢化物镍蓄电池的基本结构

金属氢化物镍蓄电池在混合动力电动汽车上应用较多。电动汽车用金属氢化物镍蓄电池的基本单元是单体电池，按使用要求组合成不同电压和不同电量的金属氢化物镍蓄电池总成，如图2-7所示。

图2-7　电动汽车用金属氢化物镍蓄电池总成

2-16 金属氢化物镍蓄电池的工作原理是怎样的？

金属氢化物镍蓄电池是将物质的化学反应产生的能量直接转化成电能的一种装置。金属氢化物镍蓄电池由镍氧化物正电极、储氢合金负电极以及碱性电解液（比如30%的氢氧化钾溶液）组成。金属氢化物镍蓄电池的性能特点主要取决于本身体系的电极反应。

充电时正、负极的电化学反应分别为

$$Ni(OH)_2 - e + OH^- \longrightarrow NiOOH + H_2O$$

$$2MH + 2e \longrightarrow 2M^- + H_2$$

放电时正、负极的电化学反应分别为

$$NiOOH + H_2O + e \longrightarrow Ni(OH)_2 + OH^-$$

$$2M^- + H_2 \longrightarrow 2MH + 2e$$

2-17 金属氢化物镍蓄电池的基本参数是怎样的?

金属氢化物镍蓄电池外形结构如图2-8所示。

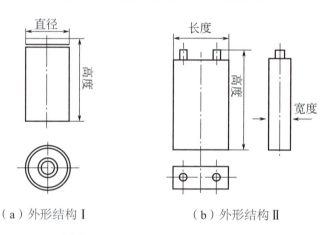

（a）外形结构Ⅰ　　　　　（b）外形结构Ⅱ

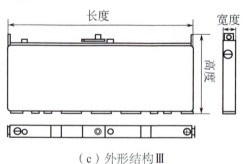

（c）外形结构Ⅲ

图2-8　金属氢化物镍蓄电池外形结构

金属氢化物镍蓄电池的标称电压为1.2V，充电终止电压为1.5V，放电终止电压为1V。

金属氢化物镍蓄电池标称电压、额定容量及最大外形尺寸规定见表2-8。

表2-8　金属氢化物镍蓄电池标称电压、额定容量及最大外形尺寸

标称电压/V	额定容量/A·h	最大外形尺寸/mm		
		长度（直径）	宽度	高度
1.2	6	33.0	—	61.5
1.2	6	60.0	20.5	83.5
1.2	40	83.0	28.5	158.5
1.2	60	100.5	29.0	184
7.2	6	276.0	22.0	120.0

2-18 什么是锂离子蓄电池？

锂离子蓄电池是用锰酸锂、磷酸铁锂或钴酸锂等锂的化合物为正极，用可嵌入锂离子的碳材料为负极，使用有机电解质的蓄电池。目前纯电动汽车上应用的储能装置主要是锂离子蓄电池。

锂离子蓄电池可以分为方形锂离子蓄电池和圆柱形锂离子蓄电池，如图2-9所示。

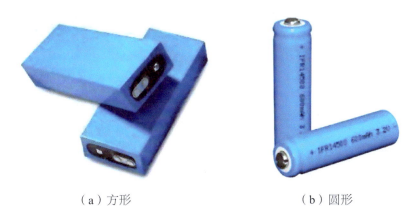

（a）方形　　　　　　　（b）圆形

图2-9　锂离子蓄电池的实物

锂离子蓄电池主要由正极、负极、隔膜和电解液等组成，如图2-10所示。

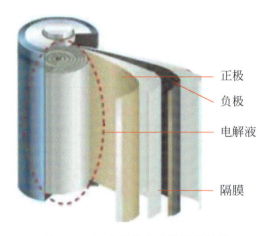

图2-10 锂离子蓄电池的基本结构

（1）正极　正极材料作为锂离子蓄电池中Li$^+$的唯一供给者，对锂离子蓄电池能量密度的提高及成本的降低起着决定性作用。被广泛采用的正极材料主要有锰酸锂、磷酸铁锂、钴酸锂、镍钴锰锂等。

（2）负极　负极材料影响锂离子蓄电池的安全性，目前，广泛应用的碳基负极材料，将锂在负极表面的沉积/溶解转变为在碳材中的嵌入/脱出，大幅度地减少锂枝晶形成，提高锂离子蓄电池安全性。

（3）隔膜　隔膜主要为隔绝正负极以防止两电极短路及自放电，同时为两电极间提供良好的离子通道。目前，应用比较广泛的隔膜主要有PP-PE-PP多层隔膜、聚合物陶瓷涂覆隔膜以及无纺布隔膜等。

（4）电解液　锂离子蓄电池采用的是非水有机溶剂体系的电解液。

锂离子蓄电池在纯电动汽车上应用较多。电动汽车用锂离子蓄电池的基本单元是单体电池，按使用要求组合成不同电压和不同电量的锂离子蓄电池总成。如图2-11所示为特斯拉电动汽车用锂离子蓄电池。

图2-11 特斯拉电动汽车用锂离子蓄电池

2-19 锂离子蓄电池主要有哪些类型？

按照锂离子蓄电池正极材料的不同，锂离子蓄电池主要分为磷酸铁锂蓄电池、锰酸锂蓄电池、钴酸锂蓄电池、镍酸锂蓄电池以及各种三元锂蓄电池，如图2-12所示。

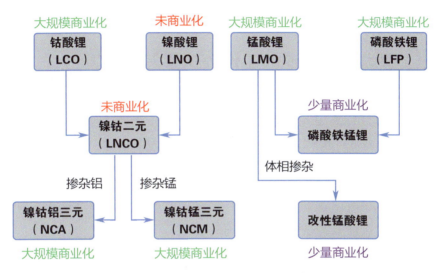

图2-12　锂离子蓄电池正极材料类型

（1）磷酸铁锂蓄电池　磷酸铁锂蓄电池是指用磷酸铁锂作为正极材料的锂离子蓄电池。磷酸铁锂（$LiFePO_4$）具有橄榄石晶体结构，其理论容量为170mA·h/g，在没有掺杂改性时其实际容量已高达110mA·h/g。通过对磷酸铁锂进行表面修饰，其实际容量可高达165mA·h/g，已经非常接近理论容量，工作电压为3.4V左右。磷酸铁锂蓄电池的优点是稳定性高，安全可靠，环保并且价格低；缺点是电阻率较大，电极材料利用率低。

（2）锰酸锂蓄电池　锰酸锂蓄电池是指用锰酸锂作为正极材料的锂离子蓄电池。锰酸锂（$LiMn_2O_4$）具有尖晶石结构，其理论容量为148mA·h/g，实际容量为90～120mA·h/g，工作电压范围为3～4V。锰酸锂蓄电池的优点是锰资源丰富，价格便宜，安全性高，比较容易制备；缺点是理论容量低，与电解质相容性不好，在深度充放电的过程中电池容量衰减快。

（3）钴酸锂蓄电池　钴酸锂蓄电池是指用钴酸锂作为正极材料的锂离子蓄电池。钴酸锂蓄电池的优点是电化学性能优越，易加工，性能稳定,一致性好,比容量高,综合性能突出;缺点是安全性较差,成本高。

(4)镍钴锰锂蓄电池 镍钴锰锂蓄电池是指用镍钴锰三元材料作为正极的锂离子蓄电池。镍钴锰锂蓄电池的优点是能量密度大,功率密度高,循环寿命长;缺点是成本高,对电池管理系统要求高。

2-20 锂离子蓄电池的工作原理是怎样的?

如图2-13所示为锂离子蓄电池的工作原理。电池充电时,正极上锂原子电离成锂离子和电子(脱嵌),锂离子经过电解液运动到负极,得到电子,被还原成锂原子嵌入到碳层的微孔中(插入);电池放电时,嵌在负极碳层中的锂原子,失去电子(脱插)成为锂离子,通过电解液,又运动回正极(嵌入);锂离子蓄电池的充放电过程,也就是锂离子在正负极间不断嵌入和脱嵌的过程,同时伴随着等当量电子的嵌入和脱嵌。锂离子数量越多,充放电容量就越高。

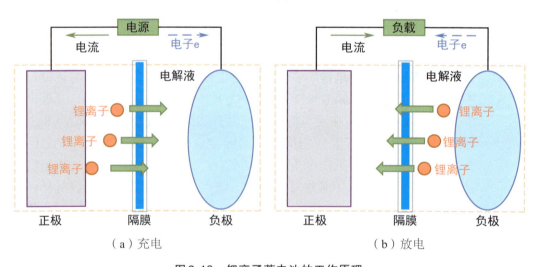

图2-13 锂离子蓄电池的工作原理

锂离子蓄电池的正、负极的电化学反应分别为

$$LiMO_2 \rightleftharpoons Li_{1-x}MO_2 + xLi^+ + xe$$

$$nC + xLi^+ + xe \rightleftharpoons Li_xC_n$$

总的化学反应为

$$LiMO_2 + nC \rightleftharpoons Li_{1-x}NO_2 + Li_xC_n$$

式中，M=Co、Ni、Fe、W等。

例如，以$LiCoO_2$为正极材料、石墨为负极材料的锂离子蓄电池，正、负极的电化学反应分别为

$$LiCoO_2 \rightleftharpoons Li_{1-x}CoO_2 + xLi^+ + xe$$

$$6C + xLi^+ + xe \rightleftharpoons Li_xC_6$$

电池总的化学反应为

$$LiCoO_2 + 6C \rightleftharpoons Li_{1-x}CoO_2 + Li_xC_6$$

2-21 锂离子蓄电池的基本参数是怎样的？

锂离子蓄电池外形结构如图2-14所示。

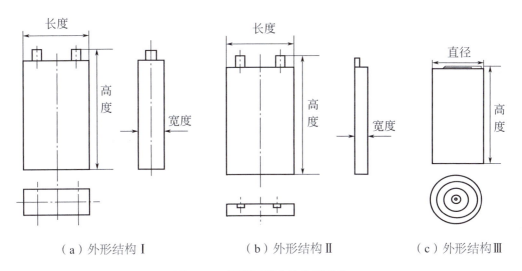

(a) 外形结构Ⅰ　　(b) 外形结构Ⅱ　　(c) 外形结构Ⅲ

图2-14 锂离子蓄电池外形结构

锂离子蓄电池的标称电压为3.6V，充电终止电压为4.25V，放电终止电压为3V。磷酸铁锂蓄电池标称电压为3.2V，充电终止电压为3.6V，放电终止电压为2.5V。

锂离子蓄电池标称电压、额定容量及最大外形尺寸规定见表2-9。

表2-9 锂离子蓄电池标称电压、额定容量及最大外形尺寸

标称电压/V	额定容量/A·h	最大外形尺寸/mm		
		长度（直径）	宽度	高度
3.6	8	66.0	18.0	148.0
3.6	100	343.0	18.5	254.0
3.2	2	26.0	—	65.0
3.2	15	72.0	29.0	120.0
3.2	15	136.0	8.0	230.0
3.2	20	92.0	34.0	146.0
3.2	20	110.0	25.0	120.0
3.2	50	100.0	28.0	376.0

采用锂离子蓄电池模块组成的锂离子蓄电池总成的标称电压见表2-10。

表2-10 采用锂离子蓄电池模块组成的锂离子蓄电池总成的标称电压

模块数量/个	12V系列/V	24V系列/V	36V系列/V	48V系列/V	72V系列/V
2	24	48	72	96	144
3	36	72	—	144	216
4	48	96	144	—	288
5	60	120	—	240	360
6	72	144	—	288	432
7	—	—	—	336	—
8	96	—	288	384	—
9	—	—	—	432	—
10	120	240	—	480	—
11	—	—	396	—	—
12	144	288	—	—	—
13	—	312	—	—	—
14	—	336	—	—	—
15	—	—	—	—	—
16	—	384	—	—	—

注：锰酸锂动力电池模块没有12V系列的锂离子蓄电池模块。

2-22 什么是锌空气电池？

锌空气电池是以空气中的氧气为正极活性物质、金属锌为负极活性物质的一种新型化学电源，如图2-15所示。锌空气电池是一种半蓄电池半燃料电池。负极活性物质同锌锰、铅酸等蓄电池一样封装在电池内部，具有蓄电池的特点；正极活性物质来自电池外部的空气中所含的氧，理论上有无限容量，是燃料电池的典型特征。

图2-15　锌空气电池

锌空气电池放电时阳极和阴极发生的电化学反应分别为

$$Zn+2OH^- \longrightarrow ZnO+H_2O+2e$$

$$O_2+2H_2O+4e \longrightarrow 4OH^-$$

锌空气电池总的化学反应为

$$2Zn+O_2 \longrightarrow 2ZnO$$

由于锌空气电池要在接触空气后才开始产生电能，一个新的锌空气电池，只要不撕掉它的密封胶带，它就不会开始工作，因此，锌空气电池保存时间很长。

2-23 什么是固态电池？

固态电池是一种使用固体正负极和固体电解质，不含有任何液体，所有材料都由固态材料组成的电池，如固态锂离子蓄电池。

液态锂蓄电池被人们形象地称为"摇椅式电池"，摇椅两端为电池正负两极，中间为液态电解质，而锂离子就像优秀的运动员，在摇椅的两端来回"奔跑"，在锂离子从正极到负极再到正极的运动过程中，完成电池的充放电过程。固态电池的原理与液态锂蓄电池相同，只不过其电解质为固态，电池体积大大降低，能量密度得到提高，如图2-16所示。

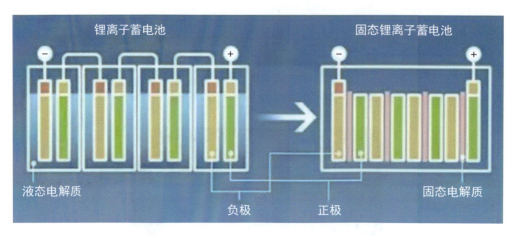

图2-16　固态锂离子蓄电池

2-24 固态锂离子蓄电池与液态锂离子蓄电池相比有哪些特点？

液态锂离子蓄电池具有7大短板，如图2-17所示。

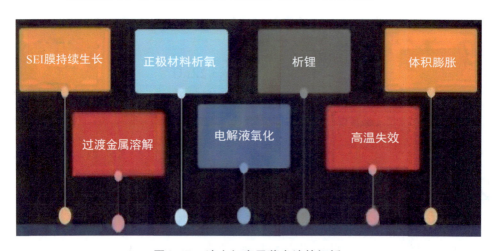

图2-17　液态锂离子蓄电池的短板

固态锂离子蓄电池与液态锂离子蓄电池相比，其特点如图2-18所示。

图2-18 固态锂离子蓄电池特点

2-25 什么是锂硫电池?

锂硫电池是锂蓄电池的一种,尚处于试验阶段。锂硫电池是以硫作为电池正极、金属锂作为负极的一种锂蓄电池,如图2-19所示。利用硫作为正极材料的锂硫电池,硫的理论比容量和电池理论比能量分别达到了1675mA·h/g和2600W·h/kg,是目前锂离子蓄电池的3～5倍。单质硫在地球中储量丰富,价格低廉,环境友好。锂硫电池是一种非常有前景的锂蓄电池,有望被应用于动力电池、便携式电子产品等领域。

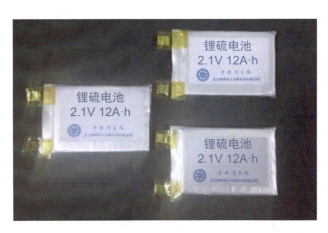

图2-19 锂硫电池

2-26 什么是金属空气电池?

金属空气电池是以电极电位较低的金属如锌、铝、镁、铁等为负极,以空气中的氧或纯氧为正极的活性物质,主要有锌空气电池、铝空气电池、镁空气电池等,如图2-20所示。

（a）锌空气电池

（b）铝空气电池

（c）镁空气电池

图 2-20　金属空气电池

金属空气电池具有比能量高、价格便宜、性能稳定等特点。

2-27 什么是石墨烯电池？

石墨烯电池是利用锂离子在石墨烯表面和电极之间快速大量穿梭运动的特性开发出的一种新能源电池，如图 2-21 所示。

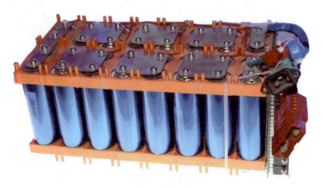

图 2-21　石墨烯电池

石墨烯电池具有比能量高、充电时间短、使用寿命长、重量轻、成本低等特点。

2-28 什么是超级电容器？

超级电容器是一种具有超级储电能力、可提供强大脉冲功率的物理二次电源。它是介于蓄电池和传统静电电容器之间的一种新型储能装置。超级电容器主要是利用电极/电解质界面电荷分离所形成的双电层，或借助电极表面快速的氧化还原反应所产生的法拉第准电容来实现电荷和能量的储存。

超级电容器有圆形和方形两种，如图2-22所示。

（a）圆形　　　　　　　　　（b）方形

图2-22　超级电容器实物

超级电容器具有充电速度快、循环寿命长、能量转换效率高、功率密度大、电路简单、温度特性好等特点。

2-29 什么是燃料电池？

燃料电池（Fuel Cell，FC）是一种化学电池，它直接把物质发生化学反应时释放出的能量变换为电能，工作时需要连续地向其供给活物质（起反应的物质）——燃料和氧化剂。由于它是把燃料通过化学反应释放出的能量变为电能输出，所以被称为燃料电池。燃料电池由阳极、阴极和电解质组成。

氢燃料电池的工作原理是将氢气送到燃料电池的阳极板（负极），经过催化剂的作用，氢原子中的一个电子被分离出来，失去电子的氢离子穿过质子交换膜，到达燃料电池阴极板（正极），与氧原子和氢离子重新结合为水，如图2-23所示。由于供应给阴极板的氧是从空气中获得的，因此只要不断地给阳极板供应氢，给阴极板供应空气，并及时把水蒸气带走，就可以不断地提供电能。

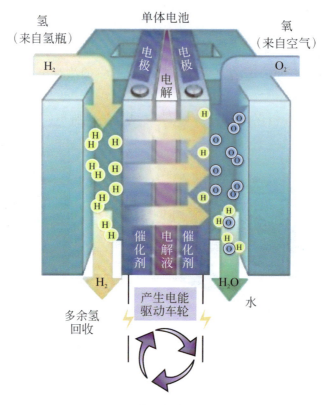

图2-23 燃料电池的工作原理

2-30 什么是燃料电池发电系统？

燃料电池发电系统是用燃料电池模块通过电化学过程将反应物（燃料和氧化剂）的化学能转化为电能（直流或交流电）和热能的系统，其组成如图2-24所示，主要由燃料电池模块、氢燃料供应与处理系统、氧化剂处理系统、增湿系统、通风系统、水管理系统、热管理系统、功率调节系统及自动控制系统等组成。

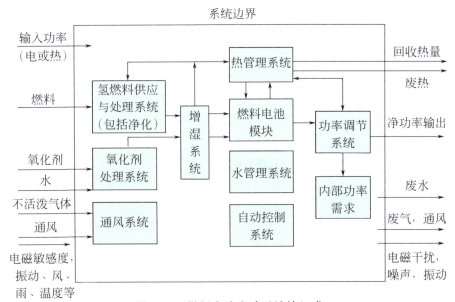

图 2-24 燃料电池发动系统的组成

2-31 什么是质子交换膜燃料电池？

质子交换膜燃料电池（PEMFC）采用可传导离子的聚合膜作为电解质，是目前应用最广泛的燃料电池。质子交换膜燃料电池的单电池由阳极、阴极和质子交换膜组成，阳极为氢燃料发生氧化的场所，阴极为氧化剂还原的场所，两极都含有加速电极电化学反应的催化剂，质子交换膜为电解质。其工作原理如图 2-25 所示。

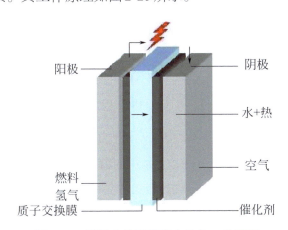

图 2-25 质子交换膜燃料电池的工作原理

阳极和阴极发生的电化学反应分别为

$$4e+4H^++O_2 \longrightarrow 2H_2O$$

$$2H_2 \longrightarrow 4H^++4e$$

电池总的化学反应为

$$2H_2+O_2 \longrightarrow 2H_2O$$

2-32 什么是碱性燃料电池?

碱性燃料电池(Alkaline Fuel Cell,AFC)是以碱性溶液为电解质,将存储于燃料与氧化剂中的化学能直接转化为电能的发电装置。在AFC中,浓KOH溶液既当电解液,又作为冷却剂,氢气为燃料,催化剂主要用贵金属铂、钯、金、银和过渡金属镍、钴、锰等。其工作原理如图2-26所示。

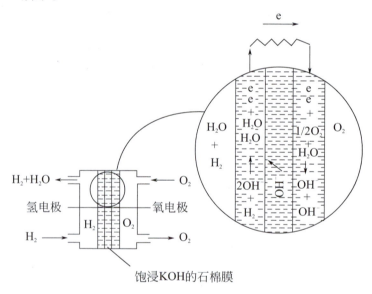

图2-26 碱性燃料电池的工作原理

阳极和阴极发生的电化学反应分别为

$$H_2+2OH^- \longrightarrow 2H_2O+2e$$

$$O_2+2H_2O+4e \longrightarrow 4OH^-$$

电池总的反应为

$$2H_2+O_2 \longrightarrow 2H_2O$$

2-33 什么是磷酸燃料电池？

磷酸燃料电池（Phosphoric Acid Fuel Cell，PAEC）是以液体磷酸为导电电解质、以氢气为燃料、以氧气为氧化剂，在电池内发生电化学反应的发电装置。其工作原理如图2-27所示。

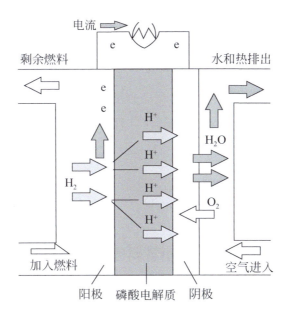

图2-27 磷酸燃料电池的工作原理

阳极和阴极发生的电化学反应分别为

$$H_2 \longrightarrow 2H^+ + 2e$$

$$O_2 + 4H^+ + 4e \longrightarrow 2H_2O$$

电池总的电化学反应为

$$2H_2 + O_2 \longrightarrow 2H_2O$$

2-34 什么是熔融碳酸盐燃料电池？

熔融碳酸盐燃料电池（MCFC）是由多孔陶瓷阴极、多孔陶瓷电解质隔膜、多孔金属阳极、金属极板构成的燃料电池。其工作原理如图2-28所示。

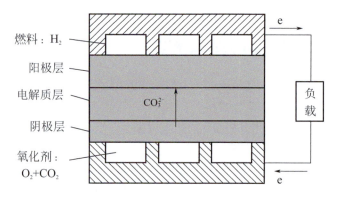

图 2-28 熔融碳酸盐燃料电池的工作原理

阳极和阴极发生的电化学反应分别为

$$H_2+CO_3^{2-} \longrightarrow H_2O+CO_2+2e$$

$$2CO_2+O_2+4e \longrightarrow 2CO_3^{2-}$$

电池总的电化学反应为

$$2H_2+O_2+2CO_2 \longrightarrow 2H_2O+2CO_2$$

2-35 什么是固体氧化物燃料电池?

固体氧化物燃料电池(Solid Oxide Fuel Cell,SOFC)是一种在中高温下直接将储存在燃料和氧化剂中的化学能高效、环境友好地转化成电能的全固态化学发电装置。其工作原理如图2-29所示。

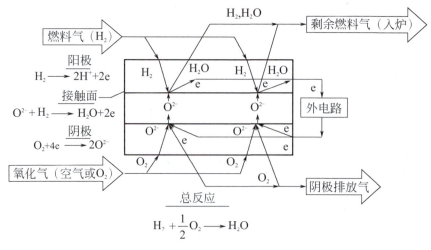

图 2-29 固体氧化物燃料电池的工作原理

阴极的电化学反应为

$$O_2+4e \longrightarrow 2O^{2-}$$

分别用 H_2、CO、CH_4 作燃料时，阳极电化学反应分别为

$$H_2+O^{2-} \longrightarrow H_2O+2e$$

$$CO+O^{2-} \longrightarrow CO_2+2e$$

$$CH_4+4O^{2-} \longrightarrow 2H_2O+CO_2+8e$$

以 H_2 为例，电池的总电化学反应为

$$2H_2+O_2 \longrightarrow 2H_2O$$

2-36 什么是直接甲醇燃料电池？

直接甲醇燃料电池（Direct Methanol Fuel Cell，DMFC）是直接使用水溶液以及蒸气甲醇为燃料供给来源，而不需通过重整器重整甲醇、汽油及天然气等再取出氢以供发电。它属于质子交换膜燃料电池中的一类，工作原理如图2-30所示。

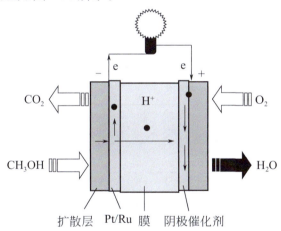

图2-30　直接甲醇燃料电池的工作原理

阳极和阴极发生的电化学应分别为

$$CH_3OH+H_2O \longrightarrow CO_2+6H^++6e$$

$$3O_2+12e+6H_2O \longrightarrow 12OH^-$$

电池总的电化学反应为

$$CH_3OH+\frac{3}{2}O_2 \longrightarrow CO_2+2H_2O$$

2-37 什么是电池管理系统?

电池管理系统(Battery Management System,BMS)是由电池电子部件和电池控制单元组成的电子装置,主要用于对电动汽车的动力电池参数进行实时监控、故障诊断、荷电状态(SOC)值估算、续驶里程估算、短路保护、漏电监测、显示报警、充放电模式选择等,并通过CAN总线的方式与整车控制器或充电机进行信息交互,保障电动汽车高效、可靠、安全运行,并保证在车辆使用过程中的安全。

电池管理系统的基本组成如图2-31所示,它主要由检测模块、均衡电源模块和控制模块三部分组成。检测模块能够对电池组中各单体电池的电压、电流、温度等关键状态参数进行准确、实时的检测,并通过SPI上报给控制模块;均衡电源模块能够平衡单体电池间的电压差异,解决电池组的"短板效应";控制模块能够根据既定策略完成控制功能,实现SOC估计,同时将电池状态数据通过CAN总线发送给整车其他电子单元。

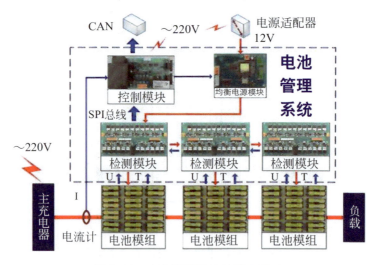

图2-31 电池管理系统的基本组成

2-38 电池管理系统应具备哪些功能?

电池管理系统应具备以下功能。

(1)实时采集电池系统运行状态参数 实时采集电动汽车蓄电池组

中的每块电池的端电压和温度、充放电电流以及电池组总电压等。由于电池组中的每块电池在使用中的性能和状态都不一致，因而对每块电池的电压、电流和温度数据都要进行监测。

（2）**确定电池的SOC值**　准确估计动力电池组的SOC值，从而随时预报电动汽车储能电池的SOC值，使电池的SOC值控制在30%～70%的工作范围。

（3）**故障诊断与报警**　当蓄电池组电量或能量过低，需要充电时及时报警，以防止蓄电池过放电而损害电池的使用寿命；当蓄电池组温度处于过高等非正常工作状态时及时报警，以保证蓄电池正常工作。

（4）**电池组的热平衡管理**　电池热管理是电池管理系统的重要功能，通过风扇等冷却系统和热电阻加热装置使电池温度处于正常工作温度范围内。

（5）**一致性补偿**　当电池之间有差异时，会有一定措施进行补偿，保证电池组表现能力更强，并有一定的手段来显示性能不良的电池位置，以便修理替换。

（6）**通过总线实现各检测模块和中央处理单元的通信**　在电动汽车上实现电池管理的难点和关键在于如何根据采集的每块电池的电压、温度和充放电电流的历史数据，建立确定每块电池剩余能量的较精确的数学模型，即准确估计电动汽车蓄电池的SOC值。

如图2-32所示为某电动汽车动力电池管理系统的基本功能。

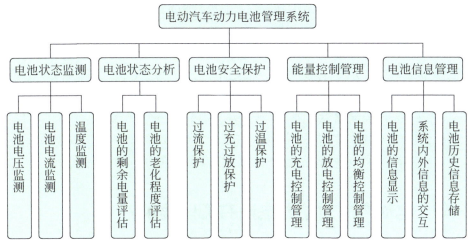

图2-32　某电动汽车动力电池管理系统的基本功能

2-39 动力电池的荷电状态估算方法有哪些？

动力电池的荷电状态（SOC）是反映动力电池当前状态的重要参数之一，也是整车能量分配策略的重要依据之一。由于无法通过直接测量的方法来得到电池的SOC，因此一般采用间接测量电池其他参数，如电池电流、电压等来估算电池的SOC。常见的估算动力电池SOC的方法有放电法、开路电压法、安时积分法、卡尔曼滤波法、神经网络法等。

（1）**放电法** 对电池进行恒流放电，直到电池端电压达到最低值（此时SOC=0），放电容量为电流与时间的积，SOC值即为放电容量占电池额定容量的比值。放电法是按照SOC的定义去估算的，因此也是最准确的方法，但是此方法只适用于实验室内，而无法在电动汽车实际运行中使用。

（2）**开路电压法** 预先通过试验的手段获取SOC与开路电压两者的对应关系，之后测量电池开路电压即可得到此状态下电池的SOC。这种方法原理简单，操作方便，但在测量开路电压时电池还要单独进行静置处理，因而也无法在实际情况下进行实时测量。

（3）**安时积分法** 电池在一段时间内放出的容量是电流对时间的积分，故测量电池工作状态下的电流值，计算已放出容量，然后根据电池总容量与已放出容量之差即可计算出当前状态下电池的SOC。该方法是电池管理系统中SOC估算最常用的方法之一，此方法不需要考虑电池模型，但不可避免地会产生误差，尤其是SOC估算误差会随着时间而积累，因此需要对SOC进行校正。

（4）**卡尔曼滤波法** 卡尔曼滤波法的核心是根据已建立的电池状态模型，利用卡尔曼滤波原理，根据电池工作时的电流、电压以及温度等进行状态递推，得到SOC的实时估算值以及估算误差。

（5）**神经网络法** 神经网络法是依据大量的样本数据和神经网络模型，通过大量的数据分析，实时将SOC与输入端数据建立一定的联系。随着各种先进算法的提出，SOC估算精度将逐渐提高。

2-40 电动汽车对动力电池有哪些要求？

电动汽车对动力电池要求如图2-33所示。

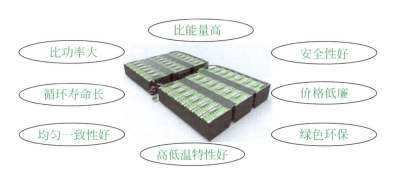

图 2-33 电动汽车对动力电池要求

2-41 动力电池总体发展思路是什么?

① 近中期在优化现有体系锂离子动力电池技术满足新能源汽车规模化发展需求的同时,以开发新型锂离子动力电池为重点,提升其安全性、一致性和寿命等关键技术,同步开展新体系动力电池前瞻性研发。

② 中远期在持续优化提升新型锂离子动力电池的同时,重点研发新体系动力电池,显著提升能量密度,大幅度降低成本,实现新体系动力电池实用化和规模化应用。

动力电池比能量达到的目标如图2-34所示。

图 2-34 动力电池比能量达到的目标

2-42 动力电池技术发展目标是什么?

为了支撑新能源汽车的发展,需要持续提升电池单体能量密度和降低单体成本。动力电池技术发展目标见表2-11。

表 2-11　动力电池技术发展目标

时间		2020年	2025年	2030年
单体电池比能量 /（W·h/kg）	纯电动汽车	350	400	500
	插电式混合动力电动汽车	200	250	300
电池系统成本 /[元/（W·h）]	纯电动汽车	1	0.9	0.8
	插电式混合动力电动汽车	1.5	1.3	1.1

2-43 动力电池技术发展路线是怎样的？

纯电动汽车动力电池技术发展路线见表2-12。

表 2-12　纯电动汽车动力电池技术发展路线

时间		至2020年	至2025年	至2030年
续驶里程		300km以上	400km以上	500km以上
比能量 /（W·h/kg）	单体	350	400	500
	系统	250	280	350
能量密度 /（W·h/L）	单体	650	800	1000
	系统	320	500	700
比功率 /（W/kg）	单体	1000	1000	1000
	系统	700	700	700
寿命	单体	4000次/10年	4500次/12年	5000次/15年
	系统	3000次/10年	3500次/12年	4000次/15年
成本/[元/（W·h）]	单体	0.6	0.5	0.4
	系统	1.0	0.9	0.8
比能量的提升		基于现有高容量材料体系，优化电极结构，提高活性物质负载量	应用新型材料体系，提高电池工作电压	优化新型材料体系，使用新型电池结构
寿命的提升		开发长寿命正、负极材料，提升电解液纯度，开发添加剂，优化电极设计，优化生产工艺与环境控制	采用电极界面沉积，开发新体系锂盐，优化生产工艺与环境控制	引入固态电解质，优化固、液界面

续表

时间	至2020年	至2025年	至2030年
安全性的提升	新型隔膜，新型电解液，电极安全涂层，优化电池设计	新型隔膜，新型电解液，电极安全涂层，优化电池设计	固、液电解质结合技术，新型材料体系
成本的控制	优化设计，提升制造水平	新材料应用，新制造工艺和装备	新型材料体系，新型制造工艺路线

插电式混合动力电动汽车动力电池技术发展路线见表2-13。

表2-13 插电式混合动力电动汽车动力电池技术发展路线

时间		至2020年	至2025年	至2030年
比能量/(W·h/kg)	单体	200	250	300
	系统	120	150	180
能量密度/(W·h/L)	单体	400	500	600
	系统	240	300	350
比功率/(W/kg)	单体	1500	1500	1500
	系统	900	1000	1000
寿命	系统	3000次/10年	4000次/12年	5000次/15年
成本/[元/(W·h)]	单体	1.0	0.9	0.8
	系统	1.5	1.3	1.1
比能量的提升		基于现有高容量材料体系提升材料的功率性能，优化电极设计		优化新型材料体系，使用新型电池结构
寿命的提升		开发长寿命正、负极材料，提升电解液纯度，开发添加剂，优化电极设计，优化生产工艺与环境控制		引入固态电解质，优化固、液界面
安全性的提升		新型隔膜，新型电解液，电极安全涂层，优化电池设计		固、液电解质结合技术，新型材料体系
成本的控制		优化设计，提升制造水平		新型材料体系，新型制造工艺路线

动力电池技术路线以高安全、高比能量、长寿命、低成本为总目标，以电池材料研发为核心，以能量型和能量功率兼顾型动力电池产品为重点，以先进制造技术装备为保障，远近结合，统筹推进新型锂离子蓄电池和新体系电池的研发及产业化，近期主要以提升现有体系电池性能为主，支撑目前新能源汽车技术快速发展，中期以开发新体系电池为主，突破核心技术，远期实现新体系电池的产业化。

2-44 新体系电池技术发展路线是什么？

新体系电池主要是指固态电池、锂硫电池和金属空气电池，其发展目标见表2-14。

表2-14 新体系电池技术发展路线

类别	2020年	2025年	2030年
固态电池	● 逐步实现固态电解质、高比能正极材料合成及三维骨架结构锂合金构建技术 ● 实现300W·h/kg小容量单体电池样本制造	● 固态电池界面调控技术 ● 实现400W·h/kg大容量单体电池样品及成组技术	固态电池推广应用
锂硫电池	● 实现锂蓄电池粉化抑制技术 ● 碳硫电极微观结构调控 ● 单体电池制备技术	大容量动力电池示范应用	锂硫电池推广应用
金属空气电池	● 廉价氧催化材料技术和水系金属空气电池技术实现实用化 ● 在真实空气环境下研究锂空气电池 ● 选择性防水隔膜技术开发 ● 大容量单体电池制备工艺研究取得进展	● 廉价氧催化材料技术开发 ● 水系金属空气电池技术开发 ● 在氧环境下研究有机锂蓄电池空气电池，明确反应机理 ● 锂电极界面保护技术开发	

2-45 动力电池相关标准主要有哪些？

动力电池从产品类别上覆盖了铅酸蓄电池、锂离子蓄电池、金属氢化物镍蓄电池、锌空气电池、超级电容器等；从产品级别上覆盖了电池单体、模块、系统、电池箱体、电池管理系统；从标准规定的内容上，包括了动力电池的电性能、循环寿命、安全性、互换性、回收利用、关键附件等，如图2-35所示。

图2-35　动力电池标准体系

动力电池主要标准目录见表2-15。

表2-15　动力电池主要标准目录

标准代号	标准名称
QC/T 742—2006	电动汽车用铅酸蓄电池
QC/T 743—2006	电动车用锂离子蓄电池
QC/T 744—2006	电动汽车用金属氢化物镍蓄电池
QC/T 897—2011	电动汽车用电池管理系统技术条件
QC/T 989—2014	电动汽车用动力蓄电池箱通用要求
QC/T 741—2014	车用超级电容器
QC/T 1023—2015	电动汽车用动力蓄电池系统通用要求
GB/T 18333.2—2015	电动汽车用锌空气电池
GB/T 31484—2015	电动汽车用动力蓄电池循环寿命要求及试验方法
GB/T 31485—2015	电动汽车用动力蓄电池安全要求及试验方法
GB/T 31486—2015	电动汽车用动力蓄电池电性能要求及试验方法

续表

标准代号	标准名称
GB/T 31467.1—2015	电动汽车用锂离子动力蓄电池包和系统 第1部分：高功率应用测试规程
GB/T 31467.2—2015	电动汽车用锂离子动力蓄电池包和系统 第2部分：高能量应用测试规程
GB/T 31467.3—2015	电动汽车用锂离子动力蓄电池包和系统 第3部分：安全性要求与测试方法
GB/T 34870.1—2017	超级电容器 第1部分：总则
GB/T 33598—2017	车用动力电池回收利用 拆解规范
GB/T 34013—2017	电动汽车用动力蓄电池产品规格尺寸
GB/T 34014—2017	汽车动力蓄电池编码规则
GB/T 34015—2017	车用动力电池回收利用 余能检测
GB/T 34695—2017	废弃电池化学品处理处置术语

3 电动汽车驱动电机系统

3-1 电动汽车驱动电机的类型有哪些？

电动汽车驱动电机的类型可分为直流电机、异步电机、永磁同步电机和开关磁阻电机，4种典型电机的性能比较见表3-1。

表3-1　4种典型电机的性能比较

项目	直流电机	异步电机	永磁同步电机	开关磁阻电机
转速范围/（r/min）	4000~6000	12000~20000	4000~10000	>15000
功率密度	低	中	高	较高
功率因数	—	82~85	90~93	60~65
峰值效率/%	85~89	94~95	95~97	85~90
负荷效率/%	80~87	90~92	85~97	78~86
过载能力/%	200	300~500	300	300~500
恒功率区比例	—	1∶5	1∶2.25	1∶3
电机重量	重	中	轻	轻
电机外形尺寸	大	中	小	小
可靠性	一般	好	优良	好
结构坚固性	差	好	一般	优良
控制操作性能	最好	好	好	好
控制器成本	低	高	高	一般

3-2 驱动电机型号由哪几部分组成？

驱动电机型号由驱动电机类型代号、尺寸规格代号、信号反馈元件代号、冷却方式代号、预留代号五部分组成，如图3-1所示。

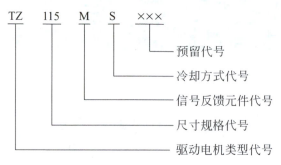

图3-1　驱动电机型号

（1）**驱动电机类型代号**　KC——开关磁阻电机；TF——方波控制型永磁同步电机；TZ——正弦控制型永磁同步电机；YR——异步电机（绕线式）；YS——异步电机（鼠笼式）；ZL——直流电机；其他类型驱动电机的类型代号由制造商参照GB/T 4831进行规定。

（2）**尺寸规格代号**　一般采用定子铁芯的外径来表示；对于外转子电机，采用外转子铁芯外径来表示。

（3）**信号反馈元件代号**　M——光电编码器；X——旋转变压器；H——霍尔元件；无传感器不必标注。

（4）**冷却方式代号**　S——水冷方式；Y——油冷方式；F——强迫风冷方式；非强迫冷却方式（自然冷却）不必标注。

（5）**预留代号**　用英文大写字母或阿拉伯数字组合，其含义由制造商自行确定。

3-3 电机的主要性能指标有哪些？

电机的主要性能指标见表3-2。

表3-2　电机的主要性能指标

性能指标	定义
额定功率	电机额定运行条件下轴端输出的机械功率
峰值功率	在规定的时间内电机运行的最大输出功率

续表

性能指标	定义
额定转速	额定运行（额定电压、额定功率）条件下电机的最低转速
最高工作转速	在额定电压时电机带负载运行所能达到的最高转速
额定转矩	电机在额定功率和额定转速下的输出转矩
峰值转矩	电机在规定的持续时间内允许输出的最大转矩
堵转转矩	转子在所有角位堵住时所产生的最小转矩
额定电压	电机正常工作的电压
额定电流	电机额定运行条件下电枢绕组（或定子绕组）的线电流
额定频率	电机额定运行条件下电枢（或定子侧）的频率

3-4 电动汽车对驱动电机的要求有哪些？

电动汽车在行驶过程中，经常频繁地启动/停车、加速/减速等，这就要求电动汽车中的驱动电机比一般工业应用的电机性能更好，基本要求如下。

① 电机的运行特性要满足电动汽车的要求。在恒转矩区，要求低速运行时具有大转矩，以满足电动汽车启动和爬坡的要求；在恒功率区，要求低转矩时具有高的速度，以满足电动汽车在平坦的路面能够高速行驶的要求。

② 电机应具有瞬时功率大、带负载启动性能好、过载能力强、加速性能好、使用寿命长的特点。

③ 电机应在整个运行范围内，具有很高的效率，以提高一次充电的续驶里程。

④ 电机应能够在汽车减速时实现再生制动，将能量回收并反馈给蓄电池，使得电动汽车具有最佳能量的利用率。

⑤ 电机应可靠性好，能够在较恶劣的环境下长期工作。

⑥ 电机应体积小，重量轻，一般为工业用电机的1/3 ~ 1/2。

⑦ 电机的结构要简单坚固，适合批量生产，便于使用和维护。

⑧ 价格便宜，从而能够减少整体电动汽车的价格，提高性价比。

⑨ 运行时噪声低，减少污染。

3-5 直流电机有哪些类型？

直流电机根据励磁方式的不同，可分为他励式、并励式、串励式和复励式4种类型。

（1）他励式直流电机 他励式直流电机的励磁绕组与电枢绕组无连接关系，而由其他直流电源对励磁绕组供电，因此励磁电流不受电枢端电压或电枢电流的影响。

（2）并励式直流电机 并励式直流电机的励磁绕组与电枢绕组相并联，共用同一电源，性能与他励式直流电机基本相同。并励绕组两端电压就是电枢两端电压，但是励磁绕组用细导线绕成，其匝数很多，因此具有较大的电阻，使得通过它的励磁电流较小。

（3）串励式直流电机 串励式直流电机的励磁绕组与电枢绕组串联后，再接于直流电源，这种直流电机的励磁电流就是电枢电流。这种电机内磁场随着电枢电流的改变有显著的变化。为了使励磁绕组中不引起大的损耗和电压降，励磁绕组的电阻越小越好，所以串励式直流电机通常用较粗的导线绕成，它的匝数较少。

（4）复励式直流电机 复励式直流电机有并励和串励两个励磁绕组，电机的磁通由两个绕组内的励磁电流产生。

电动汽车所使用的直流电机主要是他励式直流电机、串励式直流电机和复励式直流电机3种类型。

3-6 直流电机的结构是怎样的？

直流电机主要由定子与转子两部分组成，利用通电导体在磁场中受力的电磁原理制成。**定子**的主要作用是产生磁场；**转子**的作用是产生电磁转矩和感应电动势。

如图3-2所示为直流电机实物。

图3-2　直流电机实物

3-7 直流电机的工作原理是怎样的？

如图3-3所示为直流电机的工作原理示意图。图中，定子有一对N、S极，电枢绕组的末端分别接到两个换向片上，正、负电刷A和B分别与两个换向片接触。

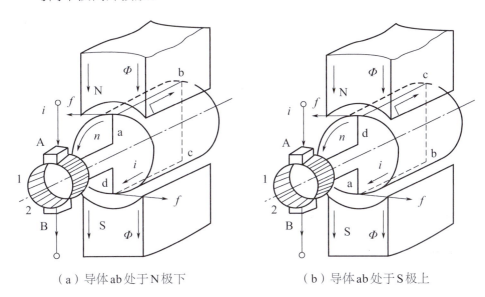

（a）导体ab处于N极下　　　　（b）导体ab处于S极上

图3-3　直流电机的工作原理示意图

如果给两个电刷加上直流电源，如图3-3（a）所示，则有直流电流从电刷A流入，经过线圈abcd，从电刷B流出。根据电磁力定律，载流导体ab和cd受到电磁力的作用，其方向可用左手定则判定，两段导体受到的力形成了一个转矩，使得转子逆时针转动。如果转子转到如图3-3（b）所示的位置，电刷A和换向片2接触，电刷B和换向片1接触，直流电流从电刷A流入，在线圈中的流动方向是dcba，从电刷B流出。此时载流导体ab和cd受到电磁力的作用方向同样可用左手定则判定，它们产生的转矩仍然使得转子逆时针转动。这就是直流电机的工作原理。

3-8 直流电机的控制方法有哪些？

直流电机的控制方法主要有电枢调压控制、磁场控制和电枢回路电阻控制等。

（1）电枢调压控制　电枢调压控制是指通过改变电枢的端电压来控

制电机的转速。这种控制只适合电机基速以下的转速控制,它可保持电机的负载转矩不变,电机转速近似与电枢端电压成比例变化,所以称为恒转矩调速。直流电机采用电枢调压控制可实现在宽广范围内的连续平滑的速度控制,调速比一般可达1:10,如果与磁场控制配合使用,调速比可达1:30。电动汽车用的直流电机常用斩波控制器作为电枢调压控制电源。

（2）**磁场控制** 磁场控制是指通过调节直流电机的励磁电流改变每个极磁通量,从而调节电机的转速,这种控制只适合电机基数以上的控制。当电枢电流不变时,具有恒功率调速特性。磁场控制效率高,但调速范围小,一般不超过1:3,而且响应速度较慢。

（3）**电枢回路电阻控制** 电枢回路电阻控制是指当电机的励磁电流不变时,通过改变电枢回路电阻来调节电机的转速。这种控制方法的机械特性较软,而且电机运行不稳定,一般很少应用。

3-9 无刷直流电机的结构是怎样的?

无刷直流电机用电子换向装置代替有刷直流电机的机械换向装置,主要由电机本体、电子换向器和转子位置传感器3部分组成,如图3-4所示。**电机本体**由定子和转子两部分组成,是产生励磁磁场的部件;**电子换向器**由功率变换电路和控制电路构成,主要用来控制定子各绕组通电的顺序和时间;**转子位置传感器**在无刷直流电机中起着检测转子磁极位置的作用,为功率开关电路提供正确的换向信息。

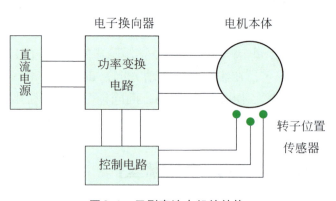

图3-4 无刷直流电机的结构

如图3-5所示为无刷直流电机实物。

图3-5 无刷直流电机实物

3-10 无刷直流电机的工作原理是怎样的？

如图3-6所示为无刷直流电机的工作原理。

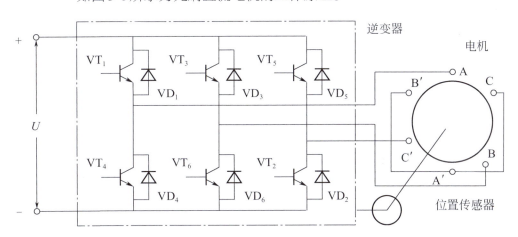

图3-6 无刷直流电机的工作原理

无刷直流电机的工作原理与有刷直流电机的工作原理基本相同。它是利用电机转子位置传感器输出信号控制电子换向线路去驱动逆变器的功率开关器件，使电枢绕组依次馈电，从而在定子上产生跳跃式的旋转磁场，拖动电机转子旋转。同时，随着电机转子的转动，转子位置传感器又不断送出位置信号，以不断地改变电枢绕组的通电状态，使得在某一磁极下导体中的电流方向保持不变，这样电机就旋转起来。

3-11 无刷直流电机的控制方法有哪些？

按照获取转子位置信息的方法划分，无刷直流电机的控制方法可以分为有位置传感器控制和无位置传感器控制。

（1）有位置传感器控制　有位置传感器控制是指在无刷直流电机定子上安装位置传感器来检测转子旋转过程中的位置，将转子磁极的位置信号转换成电信号，为电子换向电路提供正确的换向信息，以此控制电子换向电路中的功率开关管的开关状态，保证电机各相按顺序导通，在空间形成跳跃式的旋转磁场，驱动永磁转子连续不断地旋转。

（2）无位置传感器控制　无位置传感器控制不直接使用转子位置传感器，但在电机运转过程中仍然需要转子位置信号以控制电机换向。因此，如何通过软硬件间接获得可靠的转子位置信号，成为无刷直流电机无位置传感器控制的关键。转子位置信号检测方法大多是利用检测定子电压、电流等容易获取的物理量实现转子位置的估算。归纳起来，可以分为反电动势法、电感法、状态观测器法、电机方程计算法、人工神经网络法等。

3-12 异步电机的结构是怎样的？

异步电机又称感应电机，主要由定子、转子以及端盖、轴承、机座和风扇等附属部件组成，定子和转子之间存在气隙。如图3-7所示为异步电机的基本结构。

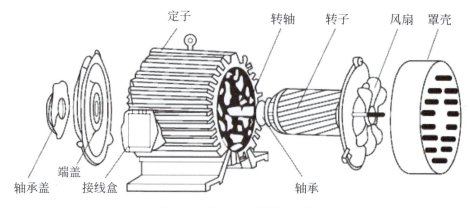

图3-7　异步电机的基本结构

如图3-8所示为异步电机实物。

图3-8　异步电机实物

3-13 异步电机的工作原理是怎样的？

如图3-9所示为异步电机的工作原理。当异步电机的三相定子绕组通入三相交流电后，将产生一个旋转磁场，该旋转磁场切割转子绕组，从而在转子绕组中产生感应电动势，电动势的方向由右手定则来确定。由于转子绕组是闭合通路，转子中便有电流产生，电流方向与电动势方向相同，而载流的转子导体在定子旋转磁场作用下将产生电磁力，电磁力的方向可用左手定则确定。由电磁力进而产生电磁转矩，驱动电机旋转，并且电机旋转方向与旋转磁场方向相同。

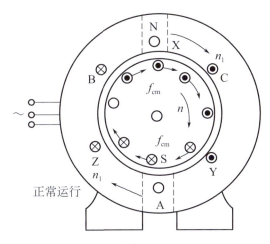

图3-9　异步电机的工作原理

n—转子转速；n_1—同步转速；f_{cm}—电源频率

异步电机的转子转速不等于定子旋转磁场的同步转速，这是异步电机的主要特点。

如果电机转子轴上带有机械负载，则负载被电磁转矩拖动而旋转。当负载发生变化时，转子转速也随之发生变化，使转子导体中的电动势、电流和电磁转矩发生相应变化，以适应负载需要。因此，异步电机的转速是随负载变化而变化的。

3-14 异步电机的控制方法有哪些？

异步电机是一个多输入输出系统，其中电压、电流、频率、磁通、转速之间又相互影响，所以又是强耦合的多变量系统。对异步电机的控制主要有转差控制、矢量控制以及直接转矩控制。除此之外，PID控制（比例、积分、微分控制）、自适应控制、模糊控制等现代控制和智能控制理论也广泛应用于异步电机的控制。

（1）**转差控制**　转差控制是根据异步电机电磁转矩和转差频率的关系来直接控制电机转矩的，可以在一定的转差频率范围内，一定程度上通过调节转差来控制电机的电磁转矩，从而改善调速系统的控制性能，但其控制理论是建立在异步电机的稳态数学模型基础上的，它适合于电机转速变化缓慢或者对动态性能要求不高的场合。

（2）**矢量控制**　矢量控制采用矢量分析的方法来分析异步电机内部的电磁过程，是建立在异步电机的动态数学模型基础上的控制方法。它将异步电机的定子电流解耦成互相独立的产生磁链的分量和产生转矩的分量，分别控制这两个分量就可以实现对异步电机的磁链控制和转矩控制的完全解耦，从而达到理想的动态性能。

（3）**直接转矩控制**　直接转矩控制是将电机输出转矩作为直接控制对象，通过控制定子磁场向量控制电机转速。它不需要复杂的坐标变换，也不需要依赖转子数学模型，只是通过控制PWM型逆变器的导通和切换方式，控制电机的瞬时输入电压，改变磁链的旋转速度来控制瞬时转矩，使系统性能对转子参数呈现鲁棒性。

3-15 永磁同步电机的结构是怎样的？

永磁同步电机是指转子采用永磁材料励磁的同步电机。

永磁同步电机结构示意如图3-10所示，主要由定子和转子两大部分构成。定子由电枢铁芯和电枢绕组构成；转子主要由永磁体、转子铁芯和转轴等构成。

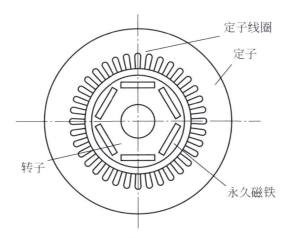

图3-10　永磁同步电机结构示意

如图3-11所示为永磁同步电机实物。

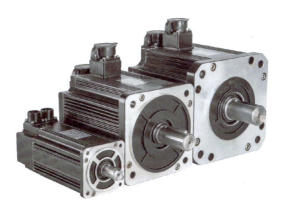

图3-11　永磁同步电机实物

3-16 永磁同步电机的工作原理是怎样的？

永磁同步电机的工作原理如图3-12所示，图中 n 为电机转速，n_0 为同步转速，T 为转矩，θ 为功率角。电机的转子是永磁体，N、S极沿圆周方向交替排列，定子可以看成是一个以转速 n_0 旋转的磁场。电机运行时，定子存在旋转磁动势，转子像磁针在旋转磁场中旋转一样，随着定子的旋转磁场同步旋转。

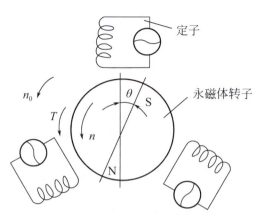

图3-12 永磁同步电机的工作原理

永磁同步电机转速为

$$n = n_0 = \frac{60 f_s}{p_n}$$

式中，f_s为电源频率；p_n为电机极对数。

永磁同步电机的定子是三相对称绕组，三相正弦波电压在定子三相绕组中产生对称三相正弦波电流，并在气隙中产生旋转磁场。旋转磁场与已充磁的磁极作用，带动转子与旋转磁场同步旋转并力图使定子和转子磁场轴线对齐。当外加负载转矩以后，转子磁场轴线将落后定子磁场轴线一个功率角，负载越大，功率角也越大，直到一个极限角度，电机停止。由此可见，同步电机在运行中，转速必须与频率严格成比例旋转，否则会失步停转。所以，它的转速与旋转磁场同步，其静态误差为零。在负载扰动下，只是功率角变化，而不引起转速变化，它的响应时间是实时的。

3-17 永磁同步电机的控制方法有哪些？

永磁同步电机控制主要有矢量控制、直接转矩控制、智能控制等。

（1）**矢量控制** 由于永磁同步电机转速和电源频率严格同步，其转子转速等于旋转磁场转速，转差恒等于零，没有转差功率，控制效果受转子参数影响小。因此，在永磁同步电机上更容易实现矢量控制。

（2）**直接转矩控制** 直接转矩控制不需要矢量控制复杂的旋转坐标变换和转子磁链定向，转矩取代电流成为受控对象，电压矢量则是控制系统唯一的输入,直接控制转矩和磁链的增加或减小,但是转矩和磁链并不解耦,对电机模型进行简化处理,没有PWM信号发生器,控制结构简单,受电机参数变化影响小,能够获得极佳的动态性能。

（3）智能控制 为了提高永磁同步电机的控制性能和控制精度,模糊控制、神经网络控制等开始应用于同步电机的控制。

3-18 开关磁阻电机的结构是怎样的?

开关磁阻电机是采用定转子凸极且极数相接近的大步距磁阻式步进电机的结构,利用转子位置传感器通过电子功率开关控制各相绕组导通使之运行的电机。

开关磁阻电机由双凸极的定子和转子组成,如图3-13所示,定子铁芯上绕有定子绕组,转子既无绕组又无永磁体。

开关磁阻电机有多种不同的相数结构,如单相、三相、四相及多相等,且定子和转子的极数有多种不同的搭配。低于三相的开关磁阻电机一般没有自启动能力。相数多,有利于减小转矩脉动,但结构复杂,主开关器件多,成本增高。目前应用较多的是四相8/6极结构和三相6/4极结构。

如图3-14所示为开关磁阻电机实物。

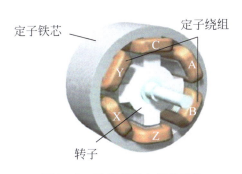

图3-13 开关磁阻电机的结构

图3-14 开关磁阻电机实物

3-19 开关磁阻电机的工作原理是怎样的?

开关磁阻电机的工作原理如图3-15所示。图中,S_1、S_2是电子开关;VD_1、VD_2是二极管,U是直流电源。

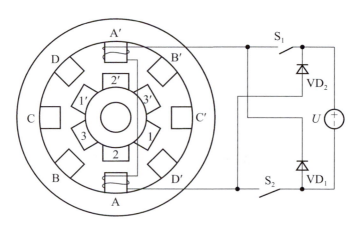

图 3-15 开关磁阻电机的工作原理

1~3，1′~3′—转子磁极；A~D，A′~D′—定子磁极

电机的定子和转子呈凸极形状，极数互不相等，转子由叠片构成，转子带有位置检测器以提供转子位置信号，使定子绕组按一定的顺序通断，保持电机的连续运行。

开关磁阻电机的磁阻随着转子磁极与定子磁极的中心线对准或错开而变化。因为电感与磁阻成反比，所以当转子磁极在定子磁极中心线位置时，相绕组电感最大；当转子磁极中心线对准定子磁极中心线时，相绕组电感最小。

因为开关磁阻电机的运行原理遵循"磁阻最小原理"——磁通总要沿着磁阻最小的路径闭合，所以具有一定形状的铁芯移动到最小磁阻位置时，必须使自己的主轴线与磁场的轴线重合。由图 3-15 中可看出，当定子 D-D′ 极励磁时，所产生的磁力则力图使转子旋转到转子极轴线 1-1′ 与定子极轴线 D-D′ 重合的位置，并使 D 相励磁绕组的电感最大。若以图中定子和转子所处的相对位置作为起始位置，则依次给 D-A-B-C 相绕组通电，转子即会逆着励磁顺序以逆时针方向连续旋转；反之，若依次给 B-A-D-C 相通电，则电机即会沿着顺时针方向转动。所以开关磁阻电机的转向与相绕组的电流方向无关，而仅取决于相绕组通电的顺序。

3-20 开关磁阻电机的控制方法有哪些？

开关磁阻电机控制主要有角度位置控制、电流斩波控制和电压控制。

（1）角度位置控制 角度位置控制是在绕组电压一定的情况下，通过改变绕组上主开关的开通角和关断角来改变绕组的通、断电时刻，调节相电流的波形，实现转速闭环控制。当电机转速较高时，旋转电动势较大，则此时电流上升率下降，各相的主开关器件的导通时间较短，电机绕组的相电流不易上升，电流相对较小，便于使用角度位置控制方式。

（2）电流斩波控制 电机低速运行特别是启动时，旋转电动势引起的压降很小，相电流上升快，为避免过大的电流脉冲对功率开关器件及电机造成损坏，需要对电流峰值进行限定，因此，可采用电流斩波控制获取恒转矩的机械特性。电流斩波控制一般不会对开通角、关断角进行控制，它将直接选择在每相的特定导通位置对电流进行斩波控制。

（3）电压控制 电压控制是保持开通角、关断角不变的前提下，使功率开关器件工作在PWM方式。通过调节PWM波的占空比，来调整加在绕组两端电压的平均值，进而改变绕组电流的大小，实现对转速的调节。若增大调制脉冲的频率，就会使电流的波形比较平滑，电机出力增大，噪声减小，但对功率开关器件的工作频率的要求就会增大。

开关磁阻电机也可以采用多种控制方式相组合的方法。如高速角度控制和低速电流斩波控制组合，变角度电压斩波控制和定角度电压斩波控制等。这些组合方式各有优势及不足，因此必须针对不同的应用场合和不同的性能要求，合理地选择控制方式，才能使电机运行于最佳状态。

3-21 轮毂电机的结构是怎样的？

轮毂电机是一种将电机、传动系统和制动系统融为一体的轮毂装置，从各种驱动技术的特点和发展趋势来看，采用轮毂电机技术是电动汽车的最终驱动形式。

轮毂电机驱动系统包括电机、制动系统、电子控制器等，其中轮毂电机由定子和转子组成，如图3-16所示。

轮毂电机驱动系统根据电机的转子型式主要分成外转子式和内转子式两种结构型式。**外转子式**采用低速电机，电机的最高转速为1000～1500r/min，无减速机构，车轮的转速与电机相同；**内转子式**采用高速电机，配备固定传动比的减速器，为获得较高的功率密度，电机的转速可高达10000r/min。减速结构通常采用传动比在10∶1左右的行星齿轮减速机构，车轮的转速为1000r/min左右。随着更为紧凑的行星齿轮减速器的出现，内转子式轮毂电机在功率密度方面比低速外转子式更具竞争力。

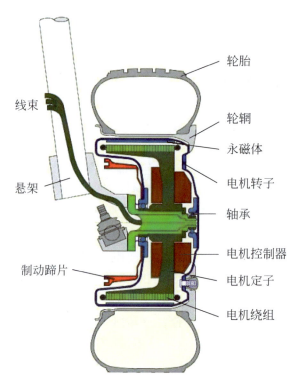

图 3-16　轮毂电机驱动系统的结构

如图 3-17 所示为直接驱动式轮毂电机分解示意。

图 3-17　直接驱动式轮毂电机分解示意

3-22 轮毂电机的驱动方式是怎样的？

轮毂电机的驱动方式可分为直接驱动和减速驱动两种基本型式。

（1）**直接驱动方式** 直接驱动方式如图3-18所示，采用低速外转子电机，轮毂电机与车轮组成一个完整部件总成，电机布置在车轮内部，直接驱动车轮带动汽车行驶。其主要优点是电机体积小，重量轻，成本低，系统传动效率高，结构紧凑，既有利于整车结构布置和车身设计，也便于改型设计。此方式适用于平路或负载小的场合。

（2）**减速驱动方式** 减速驱动方式如图3-19所示，采用高速内转子电机，适合现代高性能电动汽车的运行要求。采用高速内转子电机，其目的是获得较高的功率。减速机构布置在电机和车轮之间，起减速和增矩的作用，保证电动汽车在低速时能够获得足够大的转矩。

图 3-18 轮毂电机直接驱动方式　　图 3-19 轮毂电机减速驱动方式

3-23 驱动电机控制器的主要功能是什么？

电机控制器作为电动汽车中连接动力蓄电池与驱动电机的电能转换单元，是电机驱动及控制系统的核心。它从整车控制器获得整车的需求，从动力蓄电池获得电能，经过自身逆变器的调制，获得控制电机需要的电流和电压，提供给电机，使得电机的转速和转矩满足整车的加速、减速、制动、停车等要求。

电机控制器在电动汽车中的位置如图3-20所示。其中蓝色线是低压通信线，红色线是高压动力线。与电机控制器有强电连接关系的部件是电机和动力电池包；电机控制器连接到整车的CAN总线上，可以与整车控制器、数字仪表板、动力电池管理系统进行通信、交换数据、接收指令。

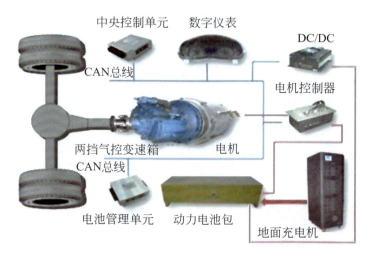

图3-20 电机控制器在电动汽车中的位置

3-24 驱动电机控制器由哪几部分组成？

驱动电机控制器主要由电子控制模块、驱动模块和功率变换模块组成。

（1）**电子控制模块** 电子控制模块包括硬件电路和相应的控制软件。硬件电路主要包括微处理器及其最小系统，对电机电流、电压、转速、温度等状态的监测电路，各种硬件保护电路，以及与整车控制器、电池管理系统等外部控制单元数据交互的通信电路。控制软件根据不同类型电机的特点实现相应的控制算法。

（2）**驱动模块** 驱动模块将微处理器对电机的控制信号转换为驱动功率变换器的驱动信号，并实现功率信号和控制信号的隔离。

（3）**功率变换模块** 功率变换模块对电机电流进行控制。电动汽车经常使用的功率器件有大功率晶体管、门极可关断晶闸管、功率场效应管、绝缘栅双极晶体管以及智能功率模块等。

如图3-21所示为无刷直流电机控制器，它除了具有调速功能外，还具有能量回收功能，把制动时整车的动能通过电机发电产生电能回馈到蓄电池，既可以最大限度地减少摩擦制动造成的能量损失，又可以提高电动汽车的续驶里程，降低运营成本，提高运营效率。

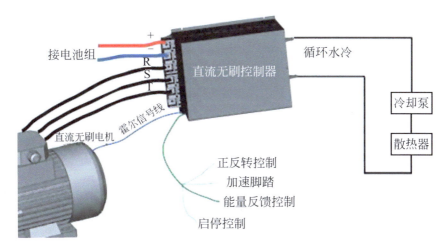

图3-21 无刷直流电机控制器

3-25 驱动电机控制器的型号由哪几部分组成？

驱动电机控制器的型号由驱动电机控制器类型代号、工作电压规格代号、信号反馈元件代号、工作电流规格代号、冷却方式代号、预留代号六部分组成，如图3-22所示。

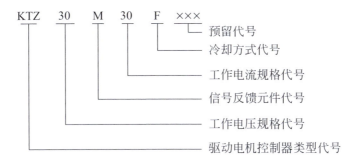

图3-22 驱动电机控制器型号

（1）控制器类型代号　用电机类型代号前加"K"字母来表示。

（2）工作电压规格代号　用驱动电机控制器的标称直流电压除以"10"再圆整后的数值来表示；最少以两位数值表示，不足两位的，在十位上冠以0；若为交流供电，电压值均需折算至直流值；输入电压的单位为V。

（3）**信号反馈元件代号** M——光电编码器；X——旋转变压器；H——霍尔元件；无传感器不必标注。

（4）**工作电流规格代号** 用驱动电机控制器最大工作电流的有效值除以"10"再圆整后的数值来表示；最少以两位数值表示，不足两位的，在十位上冠以0；输出电流的单位为A。

（5）**冷却方式代号** S——水冷方式；Y——油冷方式；F——强迫风冷方式；非强迫冷却方式（自然冷却）不必标注。

（6）**预留代号** 用英文大写字母或阿拉伯数字组合，其含义由制造商自行确定。

3-26 驱动电机与控制器的匹配关系是怎样的？

驱动电机控制器选择必须与电机相匹配。控制器容量等级为5kV·A、10kV·A、15kV·A、35kV·A、50kV·A、60kV·A、100kV·A、150kV·A、200kV·A、270kV·A、300kV·A、360kV·A、420kV·A及以上。

额定电压小于或等于360V和额定功率小于或等于200kW单台电机与控制器输出容量的匹配关系见表3-3。

表3-3 电机与控制器输出容量的匹配关系

电机额定功率/kW	控制器输出容量/kV·A	电机额定功率/kW	控制器输出容量/kV·A	电机额定功率/kW	控制器输出容量/kV·A
1	5	18.5	50	90	150
2.2	5	22	50	110	200
3.7	10	30	60	132	200
5.5	15	37	60	150	270
7.5	15	45	100	160	330
11	35	55	100	185	360
16	35	75	150	200	420

3-27 驱动电机系统有哪些接口？

电动汽车用驱动电机系统接口包括电气接口、机械接口和冷却液管路接口。

（1）**电气接口**　电气接口是连接驱动电机与控制器、控制器与整车的电气组件，包括动力电气接口及信号电气接口。动力电气接口是连接驱动电机与控制器、控制器与整车的动力电气组件，包括控制器动力输入接口、控制器动力输出接口、电机动力输入接口。信号电气接口是连接驱动电机与控制器、控制器与整车的信号电气组件，包括电机信号电气接口、控制器信号电气接口。

（2）**机械接口**　机械接口是驱动电机系统与相关部件的机械连接部件，包括电机与传动部件接口等。

（3）**冷却液管路接口**　冷却液管路接口是指驱动电机系统与整车冷却液管路接口。

3-28 驱动电机系统接口连接方式有哪些？

驱动电机系统接口连接方式有动力电气接口、信号电气接口、机械接口和冷却液管路接口的连接方式。

（1）**动力电气接口的连接方式**　动力电气接口的连接方式包括快速连接方式和固定连接方式。快速连接方式采用快速连接器连接，同一型号快速连接器的插头、插座之间应能完全互换；固定连接方式采用连接端子连接。

（2）**信号电气接口的连接方式**　电机控制信号推荐采用12针或8针的法兰式连接器，连接器安装尺寸及安装方式如图3-23和图3-24所示。

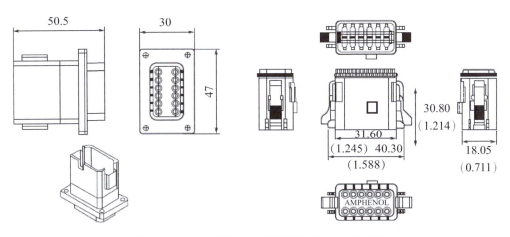

图3-23　12针电机控制信号连接器安装尺寸及安装方式

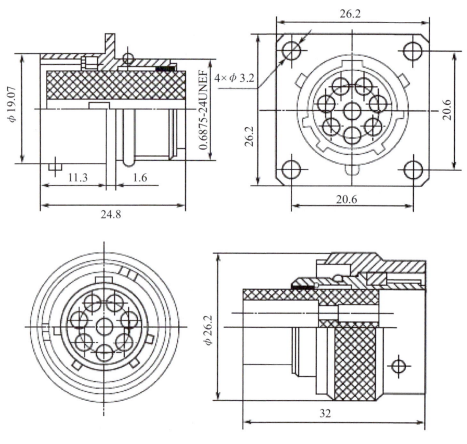

图3-24 8针电机控制信号连接器安装尺寸及安装方式

（3）机械接口的连接方式 电机和控制器的连接方式由生产单位与用户协商确定，满足整车抗震性、防护要求。电机与传动机构的连接方式由制造商与用户协商确定。纯电动乘用车用驱动电机与传动机构的连接方式推荐采用渐开线外花键方式，渐开线花键优先采用表3-4中的花键参数。

表3-4 渐开线外花键参数

传递转矩/N·m	模数/mm	齿数/个	分度圆直径/mm	压力角/(°)
≤100	1	18	18	30
≤200	1	20	20	30
≤200	1.25	18	22.5	30
≤300	1	24	24	30

续表

传递转矩/N·m	模数/mm	齿数/个	分度圆直径/mm	压力角/(°)
≤300	1.25	21	26.25	30
≤400	1	28	28	30
≤400	1.25	24	30	30
≤500	1.25	28	35	30
≤600	1.25	30	37.5	30

（4）冷却液管路接口连接方式 使用冷却液的电机与控制器应按表3-5要求选配冷却液接口。

表3-5 冷却液管路接口尺寸优选序列

冷却液流量/（L/min）	推荐冷却水管接头外径/mm
<12	14、16
12~18	16、20
>18	22、25

3-29 驱动电机系统技术路线是怎样的？

驱动电机系统技术路线见表3-6。

表3-6 驱动电机系统技术路线

项目	2020年	2025年	2030年
电机	乘用车20s有效比功率≥4kW/kg	乘用车20s有效比功率≥4.5kW/kg	乘用车20s有效比功率≥5kW/kg
	商用车30s有效比转矩≥18N·m/kg	商用车30s有效比转矩≥19N·m/kg	商用车30s有效比转矩≥20N·m/kg
	高输出密度、高效率永磁电机技术	轮毂/轮边电机技术	高压化、高速化电机技术
	低损耗硅钢、高性能磁钢、成形绕组、汇流排、磁钢定位封装等先进工艺材料	关键材料和部件采用国内资源，自主工艺开发及生产线建设能力达到国际先进水平，先进工艺材料推动自主进步的格局基本形成	出口份额达到自主总产量20%

续表

项目	2020年	2025年	2030年
电机控制器	实现功率密度≥30kW/L	实现功率密度≥50kW/L	实现功率密度≥50kW/L
	自主封装的绝缘栅双极型晶体管（IGBT）模块占市场总量20%以上，逆变器性能和可靠性达到国际先进水平	自主封装的绝缘栅双极型晶体管（IGBT）模块占市场总量60%以上，逆变器综合性能达到国际先进水平	出口份额达到自主总产量5%
	高可靠低成本逆变器技术	基于芯片技术和封装技术革新的逆变器技术	应用宽禁带材料功率模块的新型逆变器技术
机电耦合装置	纯电驱动系统最高机械传动效率大于91%	纯电驱动系统最高机械传动效率大于93%	自主品牌纯电驱动系统在国内市场占主导地位，出口份额达到总产量20%
	机电耦合装置最高机械传动效率大于88%	高集成度专用机电耦合装置最高机械传动效率大于90%	自主品牌专用机电耦合装置在国内市场占主导地位，出口份额达到总产量5%
	高速减速器及变速器技术	大速比小型化减速器技术	新型传动技术：电磁变速器等
总成技术	电机与机电耦合装置、逆变器集成技术		电机内置功率电子集成技术

3-30 驱动电机系统相关标准主要有哪些？

驱动电机系统是电动汽车的动力输出单元，要求工作可靠，电气接口统一，其主要标准目录见表3-7。

表3-7 驱动电机系统主要标准目录

标准代号	标准名称
QC/T 893—2011	电动汽车用驱动电机系统故障分类及判断
QC/T 896—2011	电动汽车用驱动电机系统接口
GB/T 29307—2012	电动汽车用驱动电机系统可靠性试验方法
GB/T 18488.1—2015	电动汽车用驱动电机系统 第1部分：技术条件
GB/T 18488.2—2015	电动汽车用驱动电机系统 第2部分：试验方法
QC/T 1068—2017	电动汽车用异步驱动电机系统
QC/T 1069—2017	电动汽车用永磁同步驱动电机系统

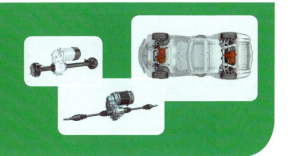

4 Chapter 纯电动汽车

4-1 纯电动汽车的结构与原理是怎样的？

　　传统汽车主要由发动机、底盘、车身和电气四大部分组成；纯电动汽车是用驱动电机代替传统汽车的发动机，使用电机控制器将电能转换成机械能来驱动汽车行驶的。

　　纯电动汽车主要由驱动电机系统、电源系统、整车控制器和辅助系统组成，如图4-1所示。

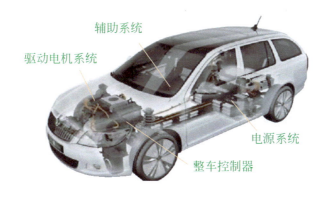

图4-1　纯电动汽车的组成

　　(1) **驱动电机系统**　驱动电机系统主要包括电机控制器和驱动电机等，其作用是将储存在蓄电池中的电能高效地转化为车轮的动能，并能够在汽车减速制动时，将车轮的动能转化为电能充入蓄电池。电机具有电动机和发电机双重功能。

　　(2) **电源系统**　电源系统主要包括蓄电池、电池管理系统、车载充电机及辅助动力源等，其作用是向电机提供驱动电能、监测电源使用情况及控制充电机向蓄电池充电。

（3）**整车控制器**　整车控制器根据驾驶员输入的加速踏板和制动踏板的信号，向电机控制器发出相应的控制指令，对电机进行启动、加速、减速、制动控制。

（4）**辅助系统**　辅助系统包括车载信息显示系统、动力转向系统、导航系统、电动空调、照明及除霜装置、刮水器和收音机等，借助这些辅助设备来提高汽车的操纵性和乘员的舒适性。

当汽车行驶时，储存在动力蓄电池中的电能通过电机控制器输送给驱动电机，驱动电机高效地将电能转化为车轮的动能，整车控制器根据加速踏板和制动踏板的输入信号，向电机控制器发出相应的控制指令，对电机进行启动、加速、减速、制动控制，并能够将汽车车轮的动能转换成电能充入动力蓄电池。汽车正常行驶时，电机将电能转化为动能驱动车轮转动；在减速和下坡滑行时又将车轮的动能转化为电能充入蓄电池。

4-2 纯电动汽车单电机驱动系统常用布置形式有哪些？

纯电动汽车单电机驱动系统主要布置形式如图4-2所示。

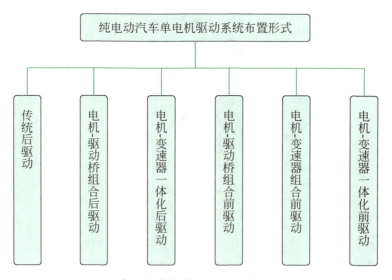

图4-2　纯电动汽车单电机驱动系统主要布置形式

（1）**传统后驱动布置形式**　传统后驱动布置形式如图4-3所示，它与传统汽车后轮驱动系统的布置方式基本一致，带有变速器、离合器和传动轴、驱动桥与传统汽车驱动桥一样，只是将发动机换成电机。一般用于传统汽车改造型电动汽车。

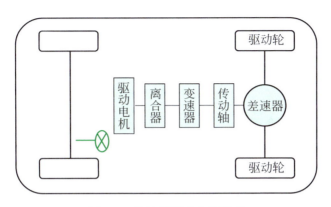

图4-3　传统后驱动布置形式

（2）电机-驱动桥组合后驱动布置形式　电机-驱动桥组合后驱动布置形式如图4-4所示，它取消了离合器、变速器和传动轴，但具有减速差速机构，把驱动电机、固定速比的减速器和差速器集成为一个整体，通过2个半轴来驱动车轮。此种布置形式的整个传动长度比较短，传动装置体积小，占用空间小，容易布置，可以进一步降低整车的重量；但对电机的要求较高，不仅要求电机具有较高的启动转矩，而且要求具有较大的后备功率，以保证电动汽车的启动、爬坡、加速超车等动力性。一般低速电动汽车采用这种布置形式。

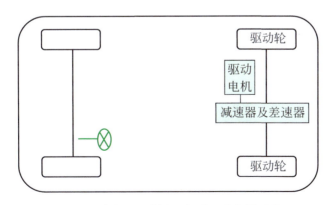

图4-4　电机-驱动桥组合后驱动布置形式

电机-驱动桥组合后驱动布置形式采用的驱动桥与内燃机汽车驱动桥不同，需要电动汽车专用驱动后桥，如图4-5所示。

图 4-5　电动汽车专用驱动后桥

（3）电机-变速器一体化后驱动布置形式　电机-变速器驱动一体化后驱动布置形式如图 4-6 所示，相比单一的电机驱动系统，一体化驱动系统可以综合协调控制电机和变速器，最大限度地改善电机输出动力特性，增大电机转矩输出范围，在提升电动汽车动力性的同时，使电机最大限度地工作在高效经济区域内。变速器一般采用 2 挡自动变速器。

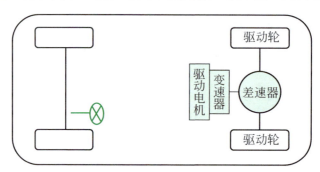

图 4-6　电机-变速器一体化后驱动布置形式

如图 4-7 所示为电机-变速器一体化驱动组件，该驱动组件以一体化为前提来设计电机和变速器，省去了用于从后方连接的部件及空间，从而将轴向尺寸缩小。

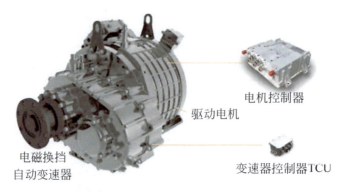

图 4-7　电机-变速器一体化驱动组件

（4）电机-驱动桥组合前驱动布置形式 电机-驱动桥组合前驱动布置形式如图4-8所示。

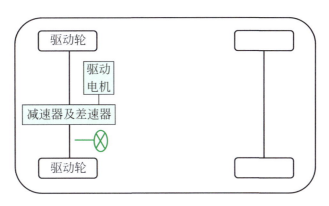

图4-8　电机-驱动桥组合前驱动布置形式

电机-驱动桥组合前驱动布置形式需要电动汽车专用前驱动转向桥，如图4-9所示。

图4-9　电动汽车专用前驱动转向桥

（5）电机-变速器组合前驱动布置形式 电机-变速器组合前驱动布置形式如图4-10所示，变速器可用2挡自动变速器。

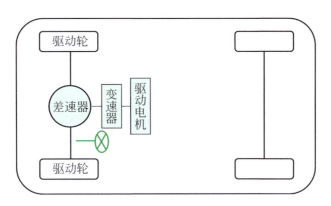

图4-10　电机-变速器组合前驱动布置形式

（6）电机-变速器一体化前驱动布置形式　电机-变速器一体化前驱动布置形式如图4-11所示。

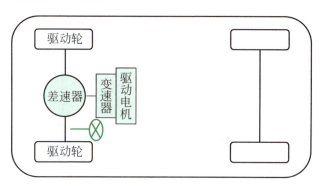

图4-11　电机-变速器一体化前驱动布置形式

4-3 纯电动汽车双电机驱动系统常用布置形式有哪些？

纯电动汽车双电机驱动系统形式如图4-12所示。

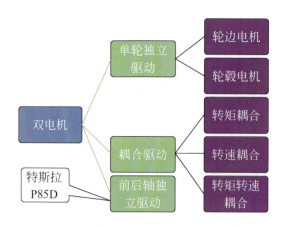

图4-12　纯电动汽车双电机驱动系统形式

（1）单轮独立驱动布置形式　单轮独立驱动系统强调的是每个车轮独立驱动，每个车轮的转矩和转速都是独立控制的，以便汽车获得非常好的灵活性和操控性，但与此同时需要实现电子差速和转矩分配等控制算法，对控制精度要求高，复杂度较大。从电机的角度出发，左右车轮动力要平衡，两台电机必然设计成一致，因此两台电机不能实现差异化互补，电机设计面临低速和高速的平衡矛盾。单轮独立驱动分为**轮边电机驱动**和**轮毂电机驱动**，其前驱动布置形式如图4-13所示。

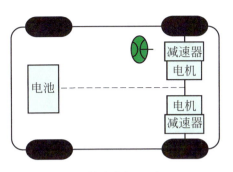 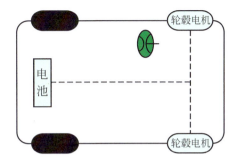

（a）轮边电机驱动　　　　　　　（b）轮毂电机驱动

图4-13　单轮独立前驱动布置形式

单轮独立驱动也可以采用后驱动布置形式，轮边电机后驱动布置形式可用于电动客车，如图4-14所示为某后驱动电动客车采用的轮边电机驱动桥实物。

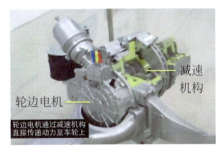 

图4-14　某后驱电动客车采用的轮边电机驱动桥实物

如图4-15所示为采用后轮毂电机独立驱动的纯电动汽车，它大大减少了零部件数量和动力系统的体积，让车辆的动力系统变得更加简单，大大提高车内空间的实用性和利用率。同时，独立的轮毂电机在驱动车辆方面灵活性更高，能够实现传统车辆难以实现的功能或驾驶特性。

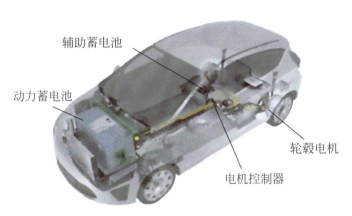

图4-15　采用后轮毂电机独立驱动的纯电动汽车

（2）耦合驱动布置形式 耦合驱动布置形式如图4-16所示，双电机共用一个输出，可以等效为一个电机，所以称为耦合驱动。这种形式的优点是能够有效地解决单电机设计矛盾，将一台电机分成两台电机，通过差异化互补，实现等效电机性能优化。

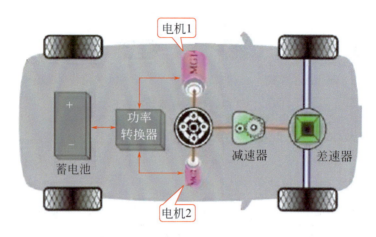

图4-16 耦合驱动布置形式

（3）前后轴独立驱动布置形式 前后轴独立驱动布置形式如图4-17所示。优点是可充分利用整车的重力产生车辆附着力，提高汽车动力性，同时通过两台电机差异化互补设计，既能获得系统高效，又能降低每台电机的设计难度。

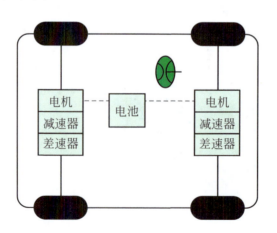

图4-17 前后轴独立驱动布置形式

如图4-18所示为特斯拉前后轴独立驱动系统实物图。

图4-18　特斯拉前后轴独立驱动系统实物

4-4 纯电动汽车有什么特点？

纯电动汽车与燃油汽车相比，其特点如图4-19所示。

图4-19　纯电动汽车的特点

随着电动汽车技术的突破，特别是动力蓄电池容量和循环寿命的提高以及价格的降低，电动汽车的推广使用一定会得到快速发展。

4-5 特斯拉电动汽车采用双电机驱动有什么特点？

特斯拉Model S D系列双电机驱动系统如图4-20所示。其中后电机是主电机，前电机是辅助电机，前电机的功率不到后电机的一半。

图4-20　特斯拉Model S D系列双电机驱动系统

特斯拉Model S D系列采用双电机驱动具有以下特点。

① 加速时间变短。以P85D为例，车辆从静止到100km/h加速时间达到3.2s，而单电机的P85需要4s。

② 续驶里程变长。P85D比P85多出了48km的续驶里程，从427km升到了475km。

③ 根据载荷的大小，选择不同的驱动模式。载荷较小时，前电机工作；载荷中等时，后电机工作；载荷较大时，前、后电机同时工作，如图4-21所示。

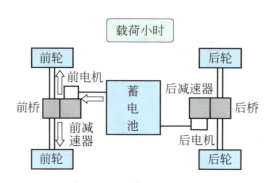

（a）前轴驱动

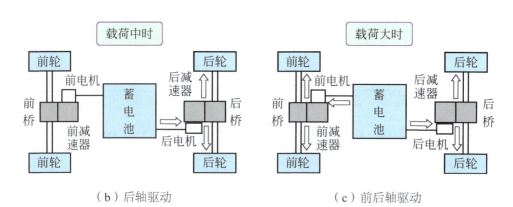

（b）后轴驱动　　　　　　　　（c）前后轴驱动

图4-21 特斯拉电动汽车双电机驱动模式

4-6 如何匹配纯电动汽车驱动电机参数？

纯电动汽车驱动电机参数匹配公式见表4-1。

表 4-1　纯电动汽车驱动电机参数匹配公式

电机参数	匹配公式	符号注释
最高转速	$n_{\max} = \dfrac{v_{\max} i_t}{0.377 r}$	$n_{\max}$ 为电机最高转速 $v_{\max}$ 为电动汽车最高车速 i_t 为电动汽车传动系统传动比 r 为车轮半径
额定转速	$n_e = \dfrac{n_{\max}}{\beta}$	n_e 为电机额定转速 β 为电机扩大恒功率区系数
峰值功率	$P_{m_1} = \dfrac{v_{\max}}{3600\eta_t}\left(mgf + \dfrac{C_D A v_{\max}^2}{21.15}\right)$ $P_{m_2} = \dfrac{v_p}{3600\eta_t}\left(mgf\cos\alpha_{\max} + mg\sin\alpha_{\max} + \dfrac{C_D A v_p^2}{21.15}\right)$ $P_{m_3} = \dfrac{1}{1000\eta_t}\left[\dfrac{2}{3}mgfv_f + \dfrac{1}{5}\rho_a C_D A v_f^3 + \dfrac{\delta m}{2t_a}(v_f^2 + v_b^2)\right]$ $P_{e_{\max}} \geq \max\{P_{m_1}\ \ P_{m_2}\ \ P_{m_3}\}$	P_{m_1} 为最高车速对功率的需求 P_{m_2} 为最大爬坡度对功率的需求 P_{m_3} 为加速时间对功率的需求 m 为电动汽车的质量 f 为轮胎滚动阻力系数 C_D 为迎风阻力系数 A 为迎风面积 η_t 为传动系统效率 v_p 为爬坡车速 $\alpha_{\max}$ 为最大坡度角 v_f 为加速结束后的车速 v_b 为驱动电机额定转速对应的车速 ρ_a 为空气密度 t_a 为预期的加速时间 λ 为电机的过载系数
额定功率	$P_e \geq \max\left\{P_{m_1}\ \ \dfrac{P_{e_{\max}}}{\lambda}\right\}$	
额定转矩	$T_e \geq \dfrac{9550 P_e}{n_e}$	
峰值转矩	$T_{e_{\max}} \geq \dfrac{9550 P_{e_{\max}}}{n_e}$	

4-7 如何匹配纯电动汽车传动系统参数？

纯电动汽车传动系统参数主要是传动比。以二挡变速器为例，确定最小传动比和最大传动比，见表 4-2。

表 4-2 传动比匹配公式

传动比	匹配公式	符号注释
最小传动比	$i_{t_{min}} \leq \dfrac{0.377 n_{max} r}{v_{max}}$	$i_{t_{max1}}$ 为电动汽车以最高车速行驶时对最大传动比的需求
最大传动比	$i_{t_{max1}} \geq \dfrac{r}{\eta_t T_{u_{max}}} \left(mgf + \dfrac{C_D A v_{max}^2}{21.15} \right)$ $i_{t_{max2}} \geq \dfrac{r}{\eta_t T_{e_{max}}} \left(mgf\cos\alpha_{max} + mg\sin\alpha_{max} + \dfrac{C_D A v_p^2}{21.15} \right)$ $i_{t_{max}} = \max\{i_{t_{max1}}, i_{t_{max2}}\}$	$i_{t_{max2}}$ 为电动汽车以最大坡度角行驶时对最大传动比的需求 $T_{u_{max}}$ 为电机最高转速对应的输出转矩

4-8 如何匹配纯电动汽车动力电池参数？

动力电池组由一个或多个电池模块组成，动力电池参数主要是指动力电池组容量和电池模块数量，其匹配公式见表 4-3。

表 4-3 动力电池参数匹配公式

动力电池参数	匹配公式	符号注释
电池组容量	$C_z \geq \dfrac{mgf + \dfrac{C_D A v_0^2}{21.15}}{3.6 \xi_{SOC} \eta_t \eta_e \eta_d (1-\eta_a) U_z} S$	v_0 为电动汽车巡航行驶速度 ξ_{SOC} 为蓄电池放电深度 η_e 为电机及控制器整体效率 η_d 为蓄电池放电效率 η_a 为汽车附件能量消耗比例系数 U_z 为电池组电压 S 为电动汽车续驶里程
电池模块数量	$N_1 \geq \dfrac{U_{emin}}{U_{zd}}$ $N_2 \geq \dfrac{P_{emax}}{P_{bmax} \eta_e N_0}$ $N_3 \geq \dfrac{1000 SW}{C_s U_s N_0}$ $N_z \geq \max\{N_1, N_2, N_3\}$	N_1 为满足电机最小工作电压要求的电池模块数目 N_2 为满足电机峰值功率要求的电池模块数量 N_3 为满足电动汽车续驶里程要求的电池模块数量 U_{emin} 为电机最小工作电压 U_{zd} 为电池组单体模块电压 P_{bmax} 为单体电池最大输出功率 N_0 为电池模块所包含的单体电池的数量 W 为电动汽车行驶 1km 所消耗的能量 C_s 为单体电池容量 U_s 为单体电池电压

4-9 纯电动汽车整车控制系统是怎样的？

纯电动汽车整车控制系统主要分为集中式控制和分布式控制两种方案。

（1）集中式控制系统　集中式控制系统的基本思想是整车控制器独自完成对输入信号的采集，并根据控制策略对数据进行分析和处理，然后直接对各执行机构发出控制指令，驱动纯电动汽车行驶。集中式控制系统的优点是处理集中、响应快和成本低；缺点是电路复杂，并且不易散热。

（2）分布式控制系统　分布式控制系统的基本思想是整车控制器采集驾驶员动作信号，同时通过CAN总线与电机控制器、电池管理系统以及其他设备控制系统通信，电机控制器、电池管理系统以及其他设备控制系统分别将各自采集的整车信号通过CAN总线传递给整车控制器。整车控制器根据整车信息，并结合控制策略对数据进行分析和处理，电机控制器和电池管理系统收到控制指令后，根据电机和电池当前的状态信息，控制电机运转和电池放电。分布式控制系统的优点是模块化和复杂度低；缺点是成本相对较高。

纯电动汽车整车控制系统组成如图4-22所示，整车控制系统的顶层是整车控制器，整车控制器通过CAN总线接收电机控制器、电池管理系统以及其他设备控制系统的信息，并对电机控制系统、电池管理系统、其他设备控制系统和车载信息显示系统发送控制指令。电机控制系统和电池管理系统分别负责驱动电机和动力电池组的监控与管理；其他设备控制系统负责执行与管理，如电动空调系统；车载信息显示系统用于显示车辆当前的状态信息等。

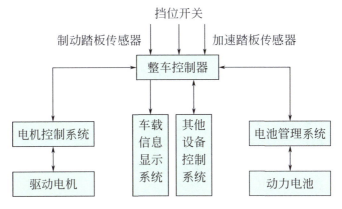

图4-22　纯电动汽车整车控制系统组成

4-10 整车控制器由哪几部分组成？

整车控制器采集加速踏板信号、制动踏板信号及其他部件信号，并做出相应判断后，控制下层的各部件控制器的动作，可实现整车驱动、制动和能量回收。

整车控制器主要由主控芯片及其最小系统、信号调理电路组成，如图4-23所示。

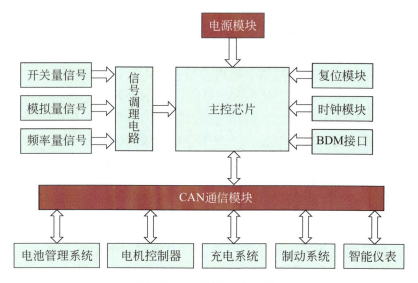

图4-23 整车控制器组成

（1）主控芯片 主控芯片是整车控制器的核心，综合考虑纯电动汽车整车控制器的功能及其运行的外界环境。主控芯片具有高速的数据处理性能、丰富的硬件接口、低成本和可靠性高的特点。

（2）最小系统 最小系统由主控芯片周边的电源模块、复位模块、时钟模块和BDM接口组成。

（3）信号调理电路 信号调理电路包括开关量信号处理电路、模拟量信号处理电路、频率量信号处理电路、通信接口电路（包括CAN通信接口和RS232通信接口）。

开关量信号包括钥匙信号、挡位信号、充电开关、制动信号等；**模拟量信号**一般有加速踏板信号、制动踏板信号、电池电压信号等；**频率量信号**，比如车速传感器的电磁信号。

如图4-24所示为电动汽车整车控制器和内部结构实物。

图4-24 电动汽车整车控制器和内部结构实物

4-11 纯电动汽车整车控制器有哪些功能？

纯电动汽车整车控制器通过采集加速踏板信号、制动踏板信号和挡位开关信号等驾驶信息，同时接收CAN总线上电机控制器和电池管理系统发出的数据，并结合整车控制策略对这些信息进行分析和判断，提取驾驶员的驾驶意图和车辆运行状态信息，最后通过CAN总线发出指令来控制各部件控制器的工作，保证车辆的正常行驶。

纯电动汽车整车控制器的基本功能如图4-25所示。

图4-25 纯电动汽车整车控制器的基本功能

如图4-26所示是纯电动汽车整车控制器实例，它通过采集行车及充电过程中的控制信号，判断驾驶员意图，通过CAN总线对整车电控设备进行管理、调度，并针对不同车型采用不同的控制策略，实现整车驱动控制、能量优化控制、制动能量回收控制和网络管理。纯电动汽车整车控制器运用了微计算机、智能功率驱动、CAN总线等技术，具有动态响应好、采样精度高、抗干扰能力强、可靠性好等特点。

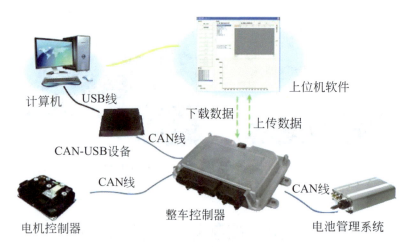

图 4-26　纯电动汽车整车控制器实例

4-12 整车控制器设计有哪些要求？

根据整车控制网络的构成以及对整车控制器输入输出信号的分析，整车控制器应满足以下技术要求。

① 设计硬件电路时，应该充分考虑电动汽车的行驶环境，注重电磁兼容性，提高抗干扰能力。整车控制器在软硬件上都应该具备一定的自我保护能力，以防止极端情况的发生。

② 整车控制器需要有足够多的 I/O 接口，能够快速准确地采集各种输入信息，至少具备两路 A/D 转换通道用于采集加速踏板信号和制动踏板信号，应该具有多个开关量输入通道，用于采集汽车挡位信号，同时应该具有多个用于驱动车载继电器的功率驱动信号输出通道。

③ 整车控制器应该具备多种通信接口，CAN 通信接口用于与电机控制器、电池管理系统和车载信息显示系统通信，RS232 通信接口用于与上位机通信，同时预留了一个 RS-485/422 通信接口，这可以将不支持 CAN 通信的设备兼容，例如某些型号的车载触摸屏。

④ 不同路况条件下，汽车会遇到不同的冲击和振动，整车控制器应该具备良好的抗冲击性，才能保证汽车的可靠性和安全性。

4-13 什么是电动汽车的电源变换器？

电动汽车的电源变换器可分为直流/直流（DC/DC）变换器、直流/

交流（DC/AC）变换器和交流/直流（AC/DC）变换器。

DC/DC变换器是表示在直流电路中将一个电压值的电能变换为另一个电压值的电能的装置，它分为降压DC/DC变换器、升压DC/DC变换器以及双向DC/DC变换器。

DC/DC变换器主要实现以下功能。

① 驱动直流电机。在小功率直流电机驱动的转向、制动等辅助系统中，一般直接采用DC/DC电源变换器供电。

② 向低压设备供电。向电动汽车中的各种低压设备如车灯等供电。

③ 给低压蓄电池充电。在电动汽车中，需要高压电源通过降压型DC/DC变换器给低压蓄电池充电。

④ 不同电源之间的特性匹配。以燃料电池电动汽车为例，一般采用燃料电池组和动力电池的混合动力系统结构。在能量混合型系统中，采用升压DC/DC变换器；在功率混合型系统中，采用双向DC/DC变换器。

DC/AC变换器是将直流电变换成交流电，也称为逆变器。使用交流电机的电动汽车必须通过DC/AC变换器将蓄电池或燃料电池的直流电变换为交流电。

AC/DC变换器是将交流电压变换成电子设备所需要的稳定直流电压，电动汽车中AC/DC的功能主要是将交流发动机发出的交流电变换为直流电提供给用电设备或储能装置储存。

电源变换器在电动汽车上的应用实例如图4-27所示。

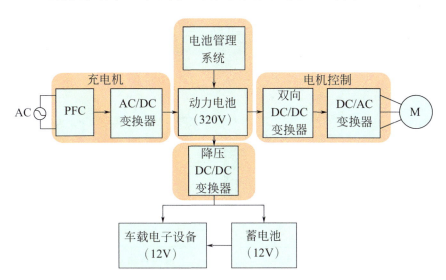

图4-27　电源变换器在电动汽车上的应用实例

电动汽车动力电池电压为320V，由电池管理系统进行管理和监测，并通过一个车载充电机（含AC/DC变换器）进行充电，交流电压范围是从110V的单相系统到380V的三相系统；动力电池通过一个双向DC/DC变换器和DC/AC变换器来驱动交流电机，同时用于再生制动，将回收的能量存入动力电池；同时，为了将动力电池的320V高电压转换为可供车载电子设备使用和给蓄电池充电的12V电源，需要一个降压DC/DC变换器。

4-14 什么是制动能量回收系统？

制动能量回收系统也称为**再生制动系统**，是指汽车滑行、减速或下坡时，将车辆行驶过程中的动能及势能转化或部分转化为车载可充电储能系统的能量存储起来的系统。

电动汽车结构不同，其制动能量回收系统也不同。四轮轮毂电机驱动的纯电动汽车的制动能量回收系统如图4-28所示。制动能量回收系统主要是由轮毂电机、电机控制器、逆变器、制动控制器和动力电池等主

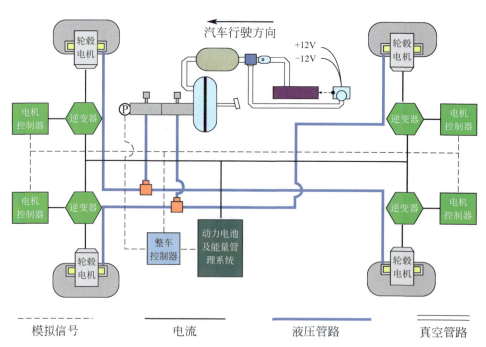

图4-28　四轮轮毂电机驱动的纯电动汽车的制动能量回收系统

要部件组成。汽车在制动或滑行过程中，根据驾驶员的制动意图，制动控制器根据不同的制动工况发出不同的指令，通过电机控制器控制轮毂电机，进行制动能量回收。

4-15 影响制动能量回收的因素有哪些？

制动能量回收的过程是把驱动轮的部分动能通过电机回收到动力电池组中，因此整车控制系统的各个模块和各模块的使用环境对制动能量回收有较大的影响。影响电动汽车能量回收的因素主要有驱动电机、储能装置、控制策略和使用环境。

（1）**驱动电机** 驱动电机制动能力越强，制动能量也就越多；电机发电功率越大，回收到电池中的制动能量也就越多，电机的发电效率也同时影响着回收制动的效率。

（2）**储能装置** 储能装置是提供电动汽车行驶的能量来源，同时也是储存制动回收能量的装置，使用较多且技术较成熟的储能装置是蓄电池。蓄电池的最大传输电流、SOC值等对制动能量回收也有影响。

（3）**控制策略** 控制策略决定了前后轮的制动力分配，制动过程中针对不同制动强度、回收制动与机械制动的分配方式、分配比例等都对制动能量回收产生很大的影响。

（4）**使用环境** 使用环境包括汽车行驶整体工况、路面状况、环境的温度和汽车当前状态等诸多方面的因素。这些因素变化将直接影响制动能量回收的效率。例如，当温度较高时，电机与蓄电池都会出现散热较难的现象，这时制动回收效率就较低；汽车当前电池荷电状态SOC值处于较高时，能量回收系统就会考虑SOC的高值而减少能量的回收以保护电池。

4-16 常见制动能量回收控制策略有哪些？

前轮驱动纯电动汽车制动能量回收系统如图4-29所示。

制动能量回收控制策略主要关注前轮制动器提供的制动力、后轮制动器提供的制动力和前轮电机提供的再生制动力三部分之间的关系。基于电机再生制动的能量回收控制策略主要有前后轴制动力理想分配时的控制策略、前后轴制动力比例分配时的控制策略和最优能量回收控制策略，三种制动能量回收控制策略的比较见表4-4。

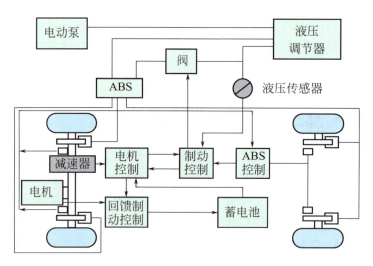

图4-29 前轮驱动纯电动汽车制动能量回收系统

表4-4 三种常见制动能量回收控制策略的比较

项目	硬件组成的复杂程度	制动稳定性	制动能量回收效率
前后轴制动力理想分配时的控制策略	较复杂，需专门的制动力控制系统	较高	较高
前后轴制动力比例分配时的控制策略	一般，改动较小	中等	中等
最优能量回收控制策略	较复杂，需专门的制动力控制系统	较低	最高

可以看出，三种制动能量回收控制策略各有优缺点，其中，前后轴制动力比例分配时的控制策略既能保证一定的能量回收效率，制动稳定性较理想，而且结构较简单，是目前技术条件下的一种比较好的选择。

4-17 纯电动汽车动力性要求是怎样的？

燃油汽车动力性是指汽车在良好路面上直线行驶时，由汽车受到的纵向外力决定的、所能达到的平均行驶速度，常用的评价指标是最高车速、加速时间和最大爬坡度。

纯电动汽车动力性评价指标和燃油汽车一样，也是最高车速、加速时间和最大爬坡度，不同之处在于产生驱动力的动力源，内燃机汽车的动力源是发动机，电动汽车的动力源则是电机。

纯电动汽车动力性应满足以下要求。

（1）30min最高车速　按照GB/T 18385《电动汽车动力性能试验方法》的规定测量30min最高车速，其值应不低于80km/h。

（2）加速性能　按照GB/T 18385《电动汽车动力性能试验方法》的规定测量车辆0～50km/h和50～80km/h的加速性能，其加速时间应分别不超过10s和15s。

（3）爬坡性能　按照GB/T 18385《电动汽车动力性能试验方法》的规定测量车辆爬坡速度和最大爬坡度，车辆通过4%坡度的爬坡速度不低于60km/h；车辆通过12%坡度的爬坡速度不低于30km/h；车辆最大爬坡度不低于20%。

4-18 如何估算纯电动汽车的最高车速？

纯电动汽车最高车速可以根据纯电动汽车驱动力-行驶阻力平衡图估算。当纯电动汽车达到最高车速时，电机处于恒功率区域运行，驱动力与滚动阻力及空气阻力处于平衡状态。求出纯电动汽车驱动力与行驶阻力曲线的交点，得出最高车速。

如图4-30所示为某具有二挡变速器纯电动汽车的驱动力-行驶阻力平衡图，可以看出一挡、二挡驱动力曲线交点出现在车速约为38km/h处，当汽车从原地起步加速行驶到此车速时，为了获得最大驱动力，车辆应该从一挡换入二挡。行驶阻力曲线与二挡驱动力曲线存在交点，汽车的最高行驶车速接近110km/h。

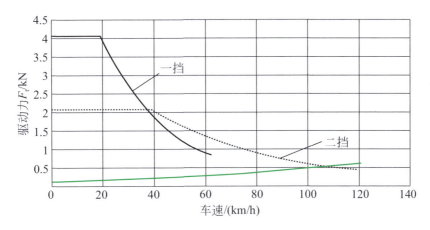

图4-30　某具有二挡变速器纯电动汽车的驱动力-行驶阻力平衡图

4-19 如何估算纯电动汽车的加速时间？

加速时间是指纯电动汽车从速度 v_1 加速到速度 v_2 所需的最短时间。纯电动汽车从静止起步全力加速至速度 v_a 的加速时间为

$$t = \int_0^{v_a} \frac{\delta m}{3.6[F_t - (F_f + F_w)]} dv$$

如图 4-31 所示为某具有二挡变速器纯电动汽车行驶车速与时间关系曲线。从图 4-31 中可知，0~50km/h 加速时间约为 7.3s，在国家标准规定的 10s 之内；50~80km/h 的加速时间约为 7.5s，在国家标准规定的 15s 之内。

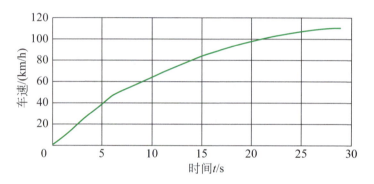

图 4-31 某具有二挡变速器纯电动汽车行驶车速与时间关系曲线

4-20 如何估算纯电动汽车的最大爬坡度？

纯电动汽车的爬坡能力与驱动电机的外特性密切相关，纯电动汽车最大动力因数为

$$D_{max} = \frac{F_t - F_w}{mg} = \frac{\dfrac{T_{s_{max}} i_t \eta_t}{r} - \dfrac{C_D A v^2}{21.15}}{mg}$$

式中，$T_{s_{max}}$ 为驱动电机最大输出转矩；D_{max} 为最大动力因数。
纯电动汽车最大爬坡度为

$$i_{\alpha_{max}} = \tan\left(\arcsin \frac{D_{max} - f\sqrt{1 - D_{max}^2 + f^2}}{1 + f^2}\right)$$

式中，$i_{\alpha\max}$ 为最大爬坡度。

如图4-32所示为某具有二挡变速器纯电动汽车爬坡度图。由图4-32可知，汽车最大爬坡度在20%以上时满足国家标准。汽车通过4%坡度的行驶车速接近70km/h，高于标准规定的60km/h；通过12%坡度的行驶车速约为36km/h，满足国家标准规定的30km/h。

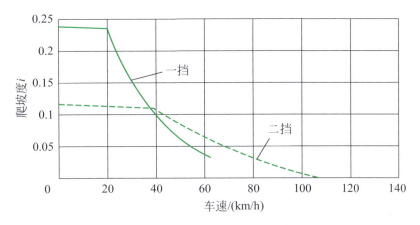

图4-32　某具有二挡变速器纯电动汽车爬坡度图

4-21 如何估算纯电动汽车的能量消耗率？

纯电动汽车能量消耗率估算见表4-5。

表4-5　纯电动汽车能量消耗率估算

名称	公式	符号注释
等速工况单位里程能量消耗量	$E_p = \dfrac{1}{\eta_t}\left(mgf + mgi + \dfrac{C_D A v_d^2}{21.15}\right)$	v_d 为汽车等速行驶速度
加速工况单位里程能量消耗量	$E_j = \dfrac{1}{\eta_t}\left[\dfrac{C_D A}{2\times 21.15}(v_j^2 + v_0^2) + (mgf + mgi + \delta m a_j)\right]$	v_j 为加速终了速度 i 为坡度 a_j 为加速度 E_i 为某一工况下的单位里程能量消耗率
整个循环的能量消耗率	$E = \dfrac{\sum E_i S_i}{\sum S_i}$	S_i 为某一工况下的行驶里程

4-22 如何估算纯电动汽车的续驶里程？

纯电动汽车续驶里程估算见表4-6。

表4-6 纯电动汽车续驶里程估算

名称	公式	符号注释
等速行驶消耗功率	$P_{md} = \dfrac{v_d}{3600\eta_t}\left(mgf + \dfrac{C_D A v_d^2}{21.15}\right)$	v_d为电动汽车等速行驶速度 C_m为电池的额定容量 U_m为电池的端电压 η_d为电池放电率
等速行驶的续驶里程	$S_{d_0} = \dfrac{C_m U_m v_d}{P_{md}}\eta_d$	

4-23 蓄电池对纯电动汽车续驶里程有哪些影响？

纯电动汽车续驶里程的影响因素较为复杂，其中最主要的因素是动力蓄电池。影响纯电动汽车续驶里程的蓄电池参数主要有蓄电池放电深度、电池比能量、电池箱串联电池个数、电池箱并联电池个数、自行放电率等。

（1）**蓄电池放电深度** 蓄电池放电深度越大，纯电动汽车的续驶里程就越长；同时，速度和负荷对续驶里程的影响也越明显。

（2）**电池比能量** 当纯电动汽车携带的电池总量一定时，电池参数中电池比能量对续驶里程影响最大，提高电池比能量可以提高纯电动汽车续驶里程。

（3）**电池箱串联电池个数** 增加每个电池箱串联电池的数，电动汽车的续驶里程明显增加。

（4）**电池箱并联电池个数** 在保持电池组总电压的情况下，增加并联电池箱的数量可显著增加电动汽车的续驶里程。

（5）**自行放电率** 蓄电池的自行放电率是指在电池的存放期间容量的下降率，即蓄电池无负荷时自身放电使容量损失的速率。显然，自放电率越大，电池在存放期间容量的损失就越多，能量的无用损耗越多，纯电动汽车的续驶里程也就越短。

4-24 纯电动汽车技术发展路线是怎样的？

纯电动汽车技术发展路线如图4-33所示。

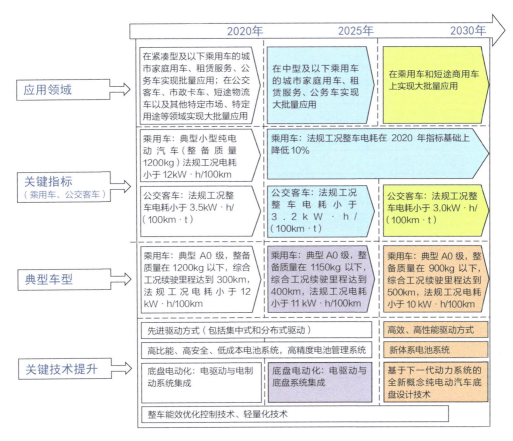

图 4-33 纯电动汽车技术发展路线

4-25 电动汽车相关标准主要有哪些？

电动汽车整车标准涉及基础通用性、安全性、试验方法、技术条件等，主要标准目录见表 4-7。

表 4-7 电动汽车整车主要标准目录

标准代号	标准名称
GB/T 19836—2005	电动汽车用仪表
GB/T 18385—2005	电动汽车 动力性能 试验方法
GB/T 18388—2005	电动汽车 定型试验规程
GB/T 24552—2009	电动汽车风窗玻璃除霜除雾系统的性能要求及试验方法
GB/T 24347—2009	电动汽车DC/DC变换器

续表

标准代号	标准名称
QC/T 838—2010	超级电容电动城市客车
GB/T 28382—2012	纯电动乘用车 技术条件
QC/T 925—2013	超级电容电动城市客车 定型试验规程
GB/T 31498—2015	电动汽车碰撞后安全要求
GB/T 31466—2015	电动汽车高压系统电压等级
GB/T 18384.1—2015	电动汽车 安全要求 第1部分：车载可充电储能系统（REESS）
GB/T 18384.2—2015	电动汽车 安全要求 第2部分：操作安全和故障防护
GB/T 18384.3—2015	电动汽车 安全要求 第3部分：人员触电防护
GB/T 19596—2017	电动汽车术语
GB/T 34585—2017	纯电动货车 技术条件
GB/T 4094.2—2017	电动汽车 操纵件、指示器及信号装置的标志
GB/T 18387—2017	电动车辆的电磁场发射强度的限值和测量方法
GB/T 18386—2017	电动汽车 能量消耗率和续驶里程 试验方法

5 Chapter

混合动力电动汽车

5-1 增程式电动汽车动力传动系统由哪几部分组成？

增程式电动汽车动力传动系统主要由驱动电机系统、电源系统、增程器和整车控制器等组成，组成如图5-1所示。与纯电动汽车相比，增加了增程器。增程器由发动机、发电机及其控制器共同组成，当动力电池电量不足时，通过增程器发电为驱动电机提供电能，增加续驶里程。

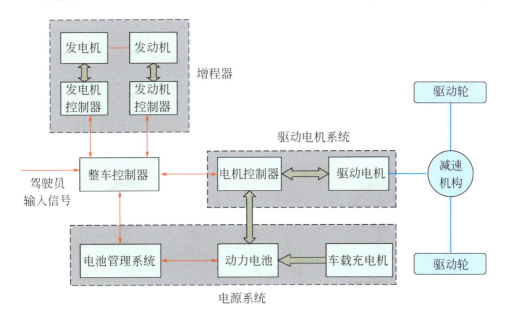

图5-1 增程式电动汽车动力传动系统的组成

—— 机械连接； ⇒ 电气连接； → 通信连接

5-2 增程式电动汽车的工作模式有哪些？

增程式电动汽车有5种工作模式，即纯电动模式、增程器单独驱动模式、混合驱动模式、制动能量回收模式和停车充电模式。

（1）**纯电动模式** 当动力电池能量充足时，关闭增程器，相当于纯电动汽车，动力电池单独提供能量驱动车辆行驶。纯电动模式的能量传递路线如图5-2所示。

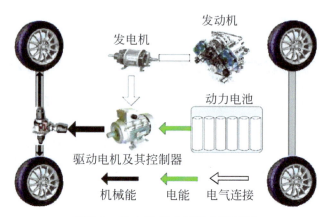

图5-2 纯电动模式能量传递路线

（2）**增程器单独驱动模式** 当动力电池能量不足时，启动增程器，发动机根据制定的控制策略运行在最佳的状况，使发电机发电，一部分用于驱动车辆行驶，多余的电能为动力电池充电。当动力电池电量恢复至充足时，发动机又停止工作，继续由动力电池提供能量驱动车辆行驶。增程器单独驱动模式能量传递路线如图5-3所示。

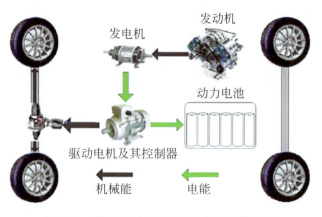

图5-3 增程器单独驱动模式能量传递路线

（3）混合驱动模式 当路面需求功率较大，动力蓄电池供能不足时，增程器开启，发动机-发电机组联合动力电池一起提供能量驱动车辆行驶。混合驱动模式能量传递路线如图5-4所示。

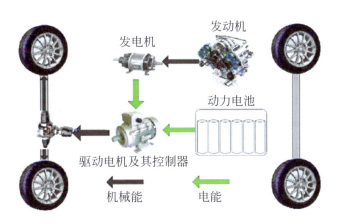

图5-4　混合驱动模式能量传递路线

（4）制动能量回收模式 当车辆减速、制动时，进入制动能量回收模式，可以将车辆的动能转化为电能储存在动力电池中，以供车辆驱动使用。制动模式能量传递路线如图5-5所示。

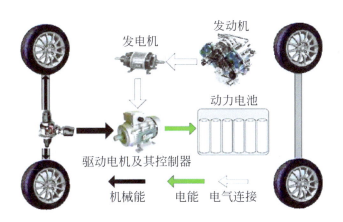

图5-5　制动模式能量传递路线

（5）停车充电模式 停车时动力系统全部停止，此时通过车载充电机连接外接电网对动力电池进行充电，以备下次行车使用。停车充电模式的能量传递路线如图5-6所示。

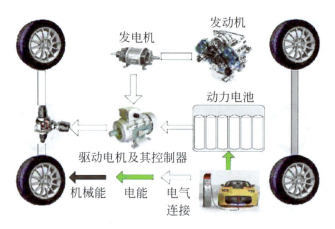

图 5-6 停车充电模式能量传递路线

5-3 增程式电动汽车有什么特点？

增程式电动汽车是一种可增加续驶里程的纯电动汽车，兼有纯电动汽车和混合动力电动汽车的特征。增程式电动汽车具有以下特点。

① 增程式电动汽车使用增程器，续驶里程得到很大提高。

② 在相同续驶里程条件下，增程式电动汽车动力电池的容量只需要纯电动汽车的30%～40%，无须配备大容量的动力电池，制造成本大幅降低。

③ 整车纯电动续驶里程满足大部分人员每天行驶里程的要求，动力电池可利用晚间低谷电力充电，缓解供电压力。

④ 整车大部分情况下在纯电动模式下行驶，能达到零排放和低噪声的效果。

⑤ 发动机与机械系统不直接相连，发动机可工作于最佳效率点，大大提高整车燃料效率。

5-4 什么是增程器？

增程器是增程式电动汽车中发动机和发电机的集成体，如图5-7所示。在动力电池能量不足的时候，可以依靠发动机发电增加电动汽车的续驶里程。在其发挥作用的时候，并不是通过发电机为汽车提供机械能驱动，而是将机械能转化为电能之后再作用于汽车。当增程器工作的时候，它属于混合动力的状态，相当于串联式的混合动力。从技术角度来讲，增程式电动汽车就是串联插电式混合动力电动汽车。

图 5-7　增程器

5-5 如何匹配增程器参数？

增程器参数主要是指发动机和发电机的参数。

发动机功率的选择对增程式电动汽车动力系统的设计至关重要。发动机选型设计中常按照汽车的最高车速来初步选择发动机功率，这是因为汽车的加速性能和爬坡性能可以由汽车的最高车速来体现。电动汽车以最高车速行驶需要的发动机功率为

$$P_{RE} = \frac{1}{3600\eta_t}\left(mgfu_{max} + \frac{C_D A u_{max}^3}{21.15}\right)$$

式中，P_{RE} 为电动汽车以最高车速行驶时需要的发动机功率；u_{max} 为电动汽车的最高行驶车速；m 为汽车质量；η_t 为传动系统效率；f 为滚动阻力系数；C_D 为风阻系数；A 为迎风面积。

发动机额定功率的选择应大于电动汽车以最高车速行驶需要的发动机功率，以承载连续的非牵引负载，如灯光、娱乐、空调、动力转向装置和制动增压等。

永磁同步电机效率高，功率密度大，一般发电机选择永磁同步电机。发电机的工作电压应与电池组相匹配，发电机的功率应与发动机功率的选择相协调匹配。要求所选的发动机在发电机工作转速时具有较低的燃油消耗率和较好的排放性能。

5-6 如何匹配增程式电动汽车蓄电池参数？

增程式电动汽车由于其增程系统的特殊性，要求电池的电压等级要与电机电压等级相一致，且符合电机电压变化的要求。

蓄电池容量匹配见表5-1。

表5-1 蓄电池容量匹配

名称	公式	符号注释
满足续驶里程需要的蓄电池容量	$C_E \geq \dfrac{mgf + \dfrac{C_D A u_a^2}{21.15}}{3.6 \text{DOD} \eta_t \eta_{mc} \eta_{dis}(1-\eta_a)U_m} S_1$	U_m 为蓄电池端电压 η_{mc} 为电机效率 η_{dis} 为蓄电池放电效率 η_a 为汽车附件能量消耗比例系数 S_1 为纯电动续驶里程 DOD 为蓄电池放电深度 k 为电池最大放电率 P_{max} 为驱动电机峰值功率 P_A 为车辆附件功率
满足最大功率需要的蓄电池容量	$C_P \geq \dfrac{1000}{kU_m}\left(\dfrac{P_{max}}{\eta_{mc}} + P_A\right)$	
蓄电池容量	$C = \max[C_E \quad C_P]$	

5-7 增程式电动汽车控制策略有哪些要求？

增程式电动汽车控制策略具有以下要求。

① 纯电动模式和增程模式的切换控制要合理，充分利用动力电池驱动，实现零排放。

② 防止对动力电池的过充电和过放电，避免频繁的充放电，延长动力电池使用寿命。

③ 在启动增程模式下，发动机的启停控制要合理。当发动机为动力电池充电，电量达到一定值的时候，才可关闭发动机/发电机组，继续用电能驱动，这样能量多级转化的损失非常大。但是如果发动机启动后提供给动力电池的电量比较小，则切换到纯电动运行模式，则需要频繁地启动发动机，必然对发动机的寿命产生影响，也不利于降低排放的设计要求。

④ 发动机长期不用的时候，要能够设置在动力电池SOC值最低的时候，也能运行的特殊控制模式，以使长期不用的发动机/发电机组得到维护保养。

5-8 增程式电动汽车主要控制策略有哪些？

增程式电动汽车主要控制策略见表5-2。

表5-2 增程式电动汽车主要控制策略

控制策略	优点	缺点
恒功率控制策略	发动机工作在低油耗或者高效率区，提高整车的燃料经济性	动力电池经常处于深度充放电循环状态，降低动力电池的使用寿命
功率跟随控制策略	提高汽车动力性和燃料经济性	发动机的工作区间变大，怠速时发动机能量利用率低
瞬时优化控制策略	可以有效地结合燃料消耗和排放，对电能和燃料消耗做出准确评估	计算量大，系统复杂，成本高
自适应控制策略	车辆的综合性能较好	没有考虑电机驱动的影响
模糊控制策略	不需要建立明确的数学模型	要有大量的工程实验数据

5-9 混合动力电动汽车主要类型有哪些？

根据混合动力电动汽车动力系统的结构形式，可以划分为串联式、并联式和混联式，如图5-8所示。

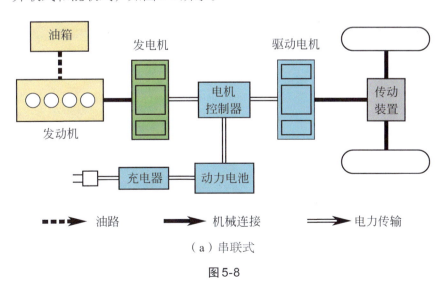

(a) 串联式

图5-8

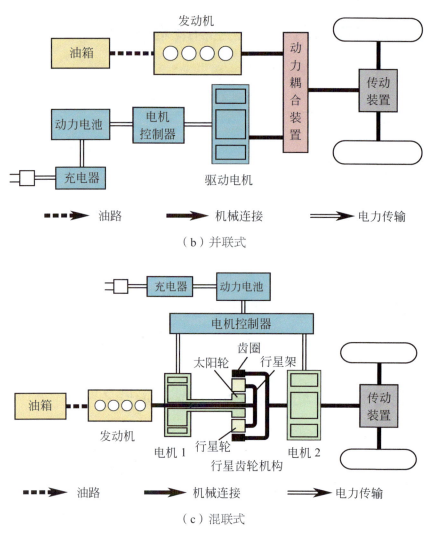

图5-8 混合动力电动汽车类型

(1) **串联式混合动力电动汽车** 串联式混合动力电动汽车是指车辆行驶系统的驱动力只来源于电机,结构特点是发动机带动发电机发电,电能通过电机控制器输送给驱动电机,由电机驱动车辆行驶。另外,动力电池也可以单独向驱动电机提供电能,驱动车辆行驶。

(2) **并联式混合动力电动汽车** 并联式混合动力电动汽车是指车辆行驶系统的驱动力由驱动电机及发动机同时或单独供给,结构特点是并联式驱动系统可以单独使用发动机或驱动电机作为动力源,也可以同时使用驱动电机和发动机作为动力源驱动车辆行驶。

（3）混联式混合动力电动汽车　混联式混合动力电动汽车是指具备串联式和并联式两种混合动力系统结构，主要由发动机、电机1、电机2、行星齿轮动力分配机构、电机控制器、传动装置、动力电池和充电器等组成。该混合动力系统的特点是利用一个单排行星齿轮机构将发动机和两个电机的动力耦合在一起。单排行星齿轮结构可以实现无级变速器的功能，使整个动力系统效率较高，尤其是在城市驾驶循环工况。

5-10 什么是插电式混合动力汽车和油电式混合动力汽车？

插电式混合动力汽车是指可以利用电网对动力电池充电的混合动力汽车，如图5-9所示。它可以使用纯电模式驱动车辆行驶，且纯电动行驶里程较长；电能不足时，车辆仍然可以重度混合模式行驶。插电式混合动力系统的电机功率比纯电动汽车的稍小，动力电池的容量介于重度混系统和纯电动车辆之间。

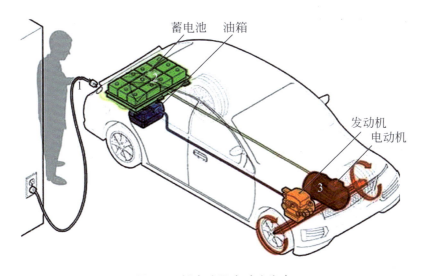

图5-9　插电式混合动力汽车
1—续航方式；2—能量存储方式；3—动力来源

油电式混合动力汽车是指非插电的混合动力汽车，动力来源主要是发动机，电机只是一个辅助动力源，纯电续航能力小。如图5-10所示为凯美瑞油电式混合动力汽车。

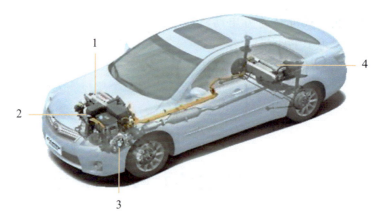

图 5-10　凯美瑞油电式混合动力汽车

1—阿特金森循环发动机；2—可变电压控制系统和直流/交流逆变器系统；
3—同步交流永磁式电机和同步交流型发电机；4—高功率 HV 镍氢蓄电池

油电式混合动力汽车的电池容量很小，仅在启/停、加/减速的时候供应/回收能量，不能外部充电，不能用纯电模式行驶，属于节能汽车；插电式混合动力汽车的电池容量较大，可以外部充电，可以用纯电模式行驶，电池电量耗尽后再以混合动力模式行驶，属于新能源汽车。

5-11 串联式混合动力电动汽车的结构与原理是怎样的？

串联式混合动力电动汽车驱动系统主要由发动机、发电机、驱动电机和蓄电池组成，如图 5-11 所示。发动机仅用于发电，发电机发出的电能通过电机控制器直接输送到驱动电机用于驱动汽车行驶。发电机发出的部分电能可以向电池蓄充电，来延长混合动力电动汽车的续驶里程。蓄电池也可以单独向驱动电机提供电能来驱动电动汽车，使混合动力电动汽车在零污染状态下行驶。

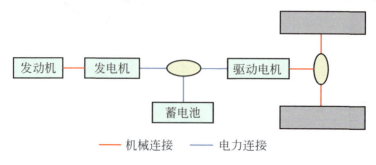

图 5-11　串联式混合动力电动汽车驱动系统

串联式混合动力电动汽车动力流程如图5-12所示。

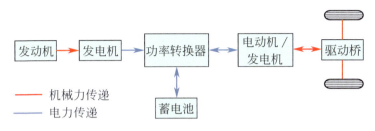

图5-12 串联式混合动力电动汽车动力流程

5-12 并联式混合动力电动汽车的结构与原理是怎样的？

并联式混合动力电动汽车驱动系统主要由发动机、驱动电机、变速器、蓄电池组成，如图5-13所示。发动机和驱动电机的功率可以互相叠加，因此，可以采用小功率的发动机和驱动电机，使得整个动力系统的装配尺寸和重量都较小，造价也更低。

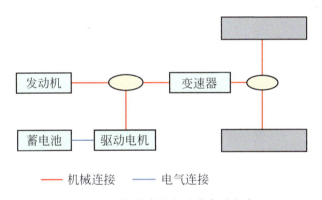

图5-13 并联式混合动力电动汽车

并联式混合动力电动汽车动力流程如图5-14所示。

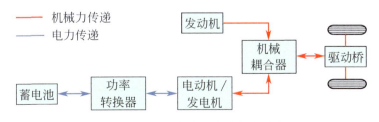

图5-14 并联式混合动力电动汽车动力流程

5-13 混联式混合动力电动汽车的结构与原理是怎样的？

混联式混合动力电动汽车驱动系统主要由发动机、发电机、驱动电机和蓄电池组成，如图5-15所示。发动机发出的功率一部分通过机械传动输送给驱动桥；另一部分则驱动发电机发电。发电机发出的电能输送给驱动电机或蓄电池，驱动电机产生的驱动力矩通过动力复合装置传送给驱动桥。混联式混合动力电动汽车在低速行驶时，驱动系统主要以串联方式工作；高速行驶时，则以并联工作方式为主。

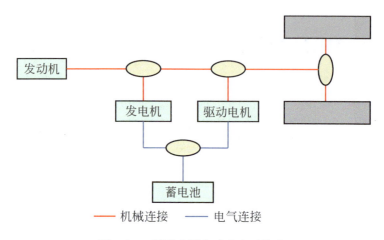

图5-15 混联式混合动力电动汽车

混联式混合动力电动汽车动力流程如图5-16所示。

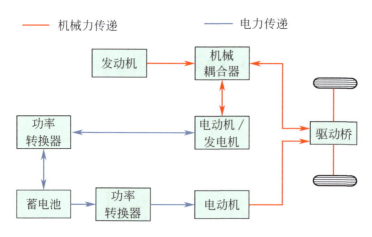

图5-16 混联式混合动力电动汽车动力流程

5-14 并联式混合动力电动汽车驱动方式有哪几种?

并联式混合动力电动汽车的动力合成装置具有多样性,驱动方式主要有驱动力合成式、转矩合成式和转速合成式,如图5-17所示。

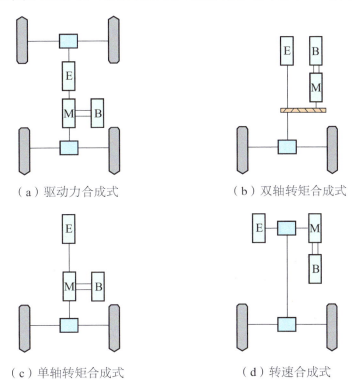

(a) 驱动力合成式　　(b) 双轴转矩合成式

(c) 单轴转矩合成式　　(d) 转速合成式

图5-17　并联混合动力电动汽车驱动方式

E—发动机;M—驱动电机;B—蓄电池

(1) **驱动力合成式**　驱动力合成式并联混合动力电动汽车采用一个小功率发动机单独驱动汽车前轮,驱动电机单独驱动汽车后轮,可以在汽车启动、爬坡或加速时增加混合动力电动汽车的驱动力。两套驱动系统可以独立驱动汽车,也可以联合驱动汽车,使汽车变成四轮驱动的电动汽车。此种混合动力电动汽车具有四轮驱动汽车的特性。

(2) **转矩合成式(双轴式和单轴式)**　转矩合成式并联混合动力电动汽车的发动机通过传动系统直接驱动混合动力电动汽车,并直接(单轴式)或间接(双轴式)带动驱动电机转动向蓄电池充电。蓄电池也可以向驱动电机提供电能,用来启动发动机或驱动汽车。

(3) **转速合成式**　转速合成式并联混合动力电动汽车的发动机通过

离合器和一个"动力组合器"来驱动汽车，驱动电机也通过"动力组合器"来驱动汽车。

5-15 混合动力电动汽车有什么特点？

混合动力电动汽车的特点如图5-18所示。

图5-18 混合动力电动汽车的特点

5-16 混合动力电动汽车动力耦合有哪几种类型？

混合动力电动汽车动力耦合类型主要有转矩耦合、转速耦合、功率耦合和牵引力耦合。

（1）转矩耦合 转矩耦合式动力系统是指两个（或多个）动力源的输出动力在耦合过程中，两动力源的输出转矩相互独立，而输出转速必须互成比例，最终的合成转矩是两动力源输出转矩的耦合叠加。转矩耦合方式主要有齿轮耦合和磁场耦合。

齿轮耦合式是通过啮合齿轮（组）将多个输入动力合成在一起输出，如图5-19所示。

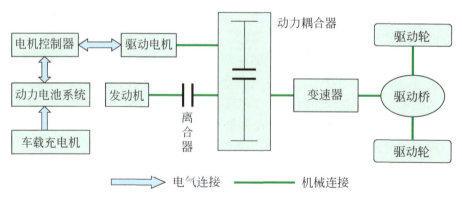

图5-19 齿轮耦合式混合动力电动汽车系统结构

磁场耦合式是将电机的转子与发动机输出轴做成一体，通过磁场作用力将电机输出动力和发动机输出动力耦合在一起，如图5-20所示。

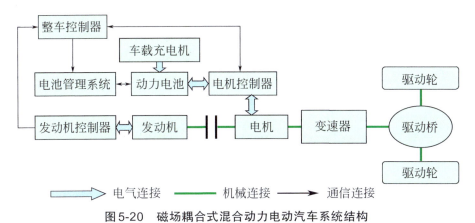

图5-20 磁场耦合式混合动力电动汽车系统结构

（2）转速耦合 转速耦合式动力系统是指两个（或多个）动力源的输出动力在耦合过程中，两个（或多个）动力源的输出转速相互独立，而输出转矩必须互成比例，最终的合成转速是两动力源输出转速的耦合叠加，合成转矩则不是两个（或多个）动力源输出转矩的叠加。转速耦合可以通过行星齿轮、差速器等方式实现。

（3）功率耦合 功率耦合式的输出转矩和转速分别是发动机与电机转矩和转速的线性和，因此发动机的转矩和转速都可控。

（4）牵引力耦合 牵引力耦合式是指发动机驱动前轮（后轮），电机驱动后轮（前轮），通过前后车轮驱动力将多个动力源输出动力耦合在一起。

各种动力耦合方式的比较见表5-3。

表5-3 各种动力耦合方式的比较

耦合方式		混合度	平顺性	复杂性	效率	控制	能量回收	成本
转矩耦合	齿轮耦合	中	差	低	高	容易	中	低
	磁场耦合	中	好	中	高	中	容易	中
	链或带耦合	低	中	低	低	容易	中	低
转速耦合	行星齿轮式	中	中	低	高	中	难	低
	差速器式	高	中	低	高	中	难	低
功率耦合		高	好	高	中	较难	容易	高
牵引力耦合		高	好	中	高	难	中	中

5-17 串联式混合动力电动汽车的工作模式是怎样的？

串联式混合动力电动汽车的工作模式主要有纯电驱动模式、纯发动机驱动模式、混合驱动模式、行车充电模式、混合充电模式、再生制动模式和停车充电模式，如图5-21示。

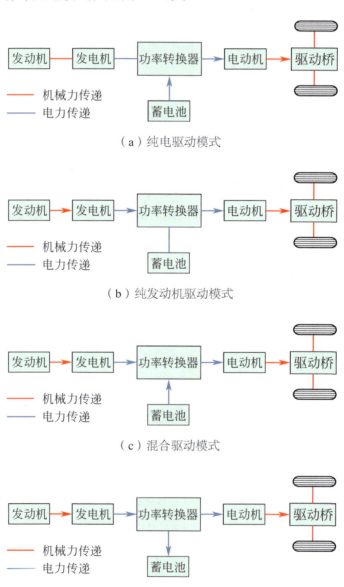

(a) 纯电驱动模式

(b) 纯发动机驱动模式

(c) 混合驱动模式

(d) 行车充电模式

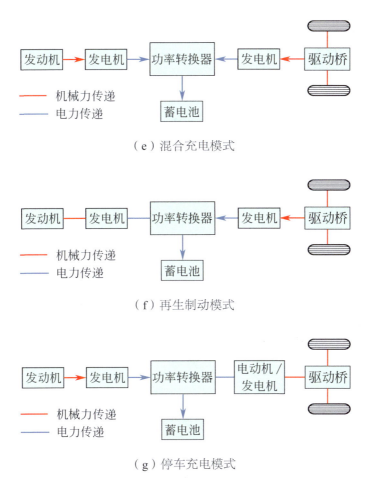

图 5-21 串联式混合动力电动汽车工作模式

（1）**纯电驱动模式** 发动机关闭，由蓄电池向电动机提供电能，驱动车辆行驶。

（2）**纯发动机驱动模式** 由发动机-发电机组向电动机提供电能，驱动车辆行驶；蓄电池既不供电，也不从传动系统中获取能量。

（3）**混合驱动模式** 发动机-发电机组和蓄电池共同向电动机提供电能，驱动车辆行驶。

（4）**行车充电模式** 发动机-发电机组除向电机提供电能驱动车辆行驶以外，同时向蓄电池充电。

（5）**混合充电模式** 发动机-发电机组和运行在发电机状态下的牵引电动机共同向蓄电池充电。

（6）再生制动模式 发动机-发电机组关闭，牵引电动机运行处于发电机状态，通过消耗车辆本身的动能产生电功率向蓄电池充电。

（7）停车充电模式 车辆停止行驶，牵引电动机不接收功率，发动机-发电机组仅向蓄电池充电。

5-18 并联式混合动力电动汽车的工作模式是怎样的？

并联式混合动力电动汽车的工作模式主要有纯电驱动模式、纯发动机驱动模式、混合驱动模式、行车充电模式、再生制动模式和停车充电模式，如图5-22示。

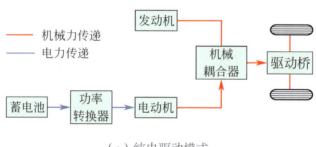

（a）纯电驱动模式

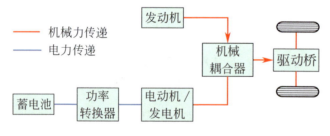

（b）纯发动机驱动模式

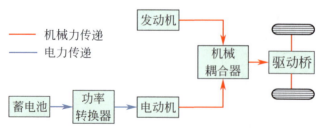

（c）混合驱动模式

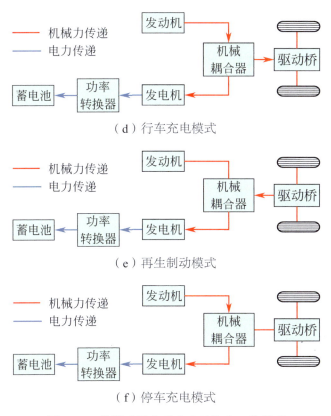

图 5-22 并联式混合动力电动汽车工作模式

(1) 纯电驱动模式 当混合动力电动汽车处于起步、低速等轻载工况且蓄电池的电量充足时,若以发动机作为动力源,则发动机燃料经济性较低,并且排放性能较差。此时关闭发动机,由蓄电池提供能量并以电动机驱动车辆行驶。但当蓄电池电量较低时,为保护蓄电池,应该切换到行车充电模式。

(2) 纯发动机驱动模式 当混合动力电动汽车以高速平稳运行时,或者行驶在城市郊区等排放要求不高的地方,可由发动机单独工作驱动车辆行驶。在这种工作模式下,发动机工作于高效区,燃料经济性较好,传动效率较高。

(3) 混合驱动模式 当混合动力电动汽车处于急加速或者爬坡时,发动机和电动机均处于工作状态,电动机作为辅助动力源协助发动机,提供车辆急加速或者爬坡时所需的功率。这种情况下,汽车的动力性处于最佳状态。

(4) 行车充电模式 当混合动力电动汽车处于正常行驶时,若蓄电池荷电状态未达到最高限值时，发动机除了要提供驱动车辆所需的动力外，其多余能量用于带动发电机给蓄电池充电。

（5）**再生制动模式** 当混合动力电动汽车减速或者制动时，发动机不工作，利用电动机反拖作用不仅可以有效地辅助制动，还可以使电动机以发电机模式工作发电，然后给蓄电池充电，将回收的制动能量存储在蓄电池中，在必要时释放出能量驱动车辆行驶，使能量利用率提高，提高整车燃料经济性，降低排放。

（6）**停车充电模式** 在停车模式中，通常关闭发动机和电动机；但当蓄电池剩余电量不足时，可以启动发动机和电动机，控制发动机工作于高效区并拖动电动机为蓄电池充电。

5-19 混联式混合动力电动汽车的工作模式是怎样的？

混联式混合动力电动汽车的工作模式主要有纯电驱动模式、纯发动机驱动模式、混合驱动模式、行车充电模式、再生制动模式和停车充电模式，如图5-23示。

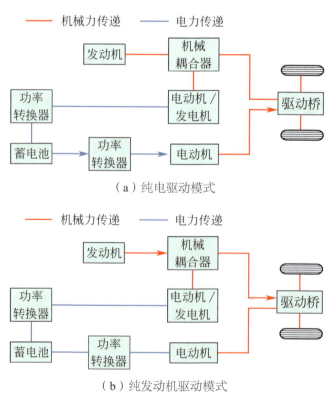

（a）纯电驱动模式

（b）纯发动机驱动模式

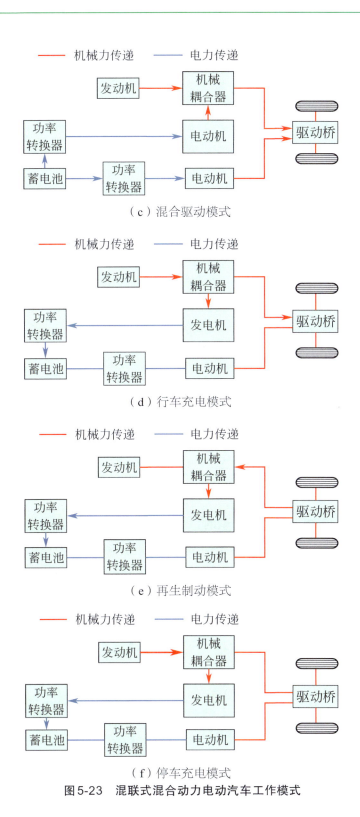

图5-23 混联式混合动力电动汽车工作模式

（1）**纯电驱动模式**　车辆由蓄电池通过功率转换器向电动机供电，电动机通过动力合成器提供驱动功率。此时，发动机、发电机处于关闭状态。

（2）**纯发动机驱动模式**　仅由发动机向车辆提供驱动功率，蓄电池既不从传动系统中获取能量，也不提供电能。此时，电动机、发电机处于关闭状态。

（3）**混合驱动模式**　车辆的驱动功率由蓄电池和发动机共同提供，并通过动力合成器合成后，向机械传动装置提供动力。

（4）**行车充电模式**　发动机除提供车辆行驶所需要的驱动功率外，同时向蓄电池提供充电功率。此时，发动机的功率由动力合成器分成两路，一路驱动车辆行驶；一路带动发电机发电，给蓄电池充电。

（5）**再生制动模式**　发动机处于关闭，电动机运行在发电机状态，通过消耗车辆本身的动能产生电功率向蓄电池充电。

（6）**停车充电模式**　车辆停止行驶，发动机通过动力合成器带动发电机发电，向蓄电池进行充电。

5-20 丰田普锐斯混合动力电动汽车行驶工况是怎样的？

丰田普锐斯混合动力电动汽车行驶工况有启动、低中速行驶、一般行驶、一般行驶/剩余能量充电、全速行驶、减速/能量再生和停车，如图5-24示。

（1）**启动**　当汽车启动时，仅使用由蓄电池提供能量的电动机的动力启动，充分利用电动机启动时的低速大转矩，这时发动机并不运转。

（2）**低中速行驶**　汽车在低中速行驶时，由混合动力系统使用蓄电池的能量驱动电动机行驶。

（a）启动

(b)低中速行驶

(c)一般行驶

(d)一般行驶/剩余能量充电

(e)全速行驶

图 5-24

(f)减速/能量再生

(g)停车

图5-24 丰田普锐斯混合动力电动汽车工作模式

(3)**一般行驶** 一般行驶时,混合动力系统采用发动机/发电机给电动机提高能量,通过电动机驱动行驶。

(4)**一般行驶/剩余能量充电** 混合动力系统在高速运转时通过发动机提供能量,而发动机有时会产生多余的能量,这时多余的能量由发电机转换成电力,用于储存在蓄电池中。

(5)**全速行驶** 汽车在需要强劲加速力(如爬陡坡或超车)时,发动机和蓄电池同时向电动机提供能量,增大电动机的驱动能力,提高电动汽车的动力性。

(6)**减速/能量再生** 当汽车制动减速时,混合动力系统使车轮的旋转力带动电动机运转,将其作为发电机使用,将制动能量回收到蓄电池中进行再利用。

(7)**停车** 停车时,发动机和蓄电池都不提供能量。

5-21 如何匹配混合动力电动汽车发动机和驱动电机参数?

以并联式混合动力电动汽车为例,汽车在行驶过程中,整车的动力主要来源于发动机与驱动电机，因此，在对其传动系统进行匹配时，可以将发动机与驱动电机的功率一起考虑，先进行整车总的需求功率的匹配，然后根据确定好的混合度，由混合度计算公式求出驱动电机的功率，然后再求出发动机的功率，见表5-4。

表5-4　并联式混合动力电动汽车发动机和驱动电机参数匹配

名称	公式	符号注释
最高车速所对应的功率需求	$P_{\max_1} = \dfrac{v_{\max}}{3600\eta_t}\left(mgf + \dfrac{C_D A v_{\max}^2}{21.15}\right)$	t_j为加速时间 v_j为加速终了车速 P_{motor}为驱动电机的功率 P_{engine}为发动机的功率 H为混合度
最大爬坡度所对应的功率需求	$P_{\max_2} = \dfrac{v_p}{3600\eta_t}\left(mgf\cos\alpha_{\max} + mg\sin\alpha_{\max} + \dfrac{C_D A v_p^2}{21.15}\right)$	
加速性能所对应的功率需求	$P_{\max_3} = \dfrac{1}{3600 t_j \eta_t}\left(\delta m\dfrac{v_j^2}{2} + mgft_j\dfrac{v_j}{1.5} + \dfrac{C_D A t_j v_j^3}{21.15\times 2.5}\right)$	
动力源总功率	$P_{total} = P_{motor} + P_{engine} \geq P_{\max} = \max\left(P_{\max_1}, P_{\max_2}, P_{\max_3}\right)$	
驱动电机功率	$P_{motor} = H P_{total}$	
发动机功率	$P_{engine} = P_{total} - P_{motor}$	

5-22 如何匹配混合动力电动汽车蓄电池参数？

混合动力电动汽车蓄电池的参数匹配见表5-5。

表5-5　混合动力电动汽车蓄电池的参数匹配

名称	公式	符号注释
电池功率	$P_{ess} = \dfrac{P_{e_{\max}}}{\eta_e}$	$P_{e_{\max}}$为电机峰值功率 v_a为平均车速 S_a为车速v_a时的续驶里程 SOC_H为初始SOC值 SOC_L为终止SOC值
电池总能量	$E_b = \dfrac{\left(mgf + \dfrac{C_D A v_a^2}{21.15}\right) S_a}{3.6\eta_t \eta_e \eta_d (SOD_H - SOD_L)}$	
电池容量	$C_e = \dfrac{E_b}{U_e}$	

5-23 混合动力电动汽车能量管理策略是怎样的?

混合动力电动汽车能量管理是根据驾驶员的操作判断驾驶员的意图,在满足车辆动力性能的前提下,最优地分配电机、发动机、动力电池等部件的功率输出,实现能量的最优分配,提高车辆的燃料经济性和排放性能。混合动力电动汽车结构不同,能量管理策略也不同。混合动力电动汽车能量管理策略见表5-6。

表5-6 混合动力电动汽车能量管理策略

混合动力电动汽车结构形式	能量管理策略
串联式混合动力电动汽车	恒温器控制策略
	功率跟踪式控制策略
	综合控制策略
并联式混合动力电动汽车	逻辑门限控制策略
	瞬时优化能量管理策略
	全局最优能量管理策略
	模糊能量管理策略
混联式混合动力电动汽车	瞬时优化能量管理策略
	全局最优能量管理策略
	模糊能量管理策略
	发动机恒定工作点策略
	发动机最优工作曲线策略

5-24 混合动力电动汽车技术路线是怎样的?

混合动力电动汽车技术路线如图5-25所示。

5-25 混合动力电动汽车相关标准主要有哪些?

混合动力电动汽车相关标准与纯电动汽车标准有些是共用的,混合动力电动汽车主要标准目录见表5-7。

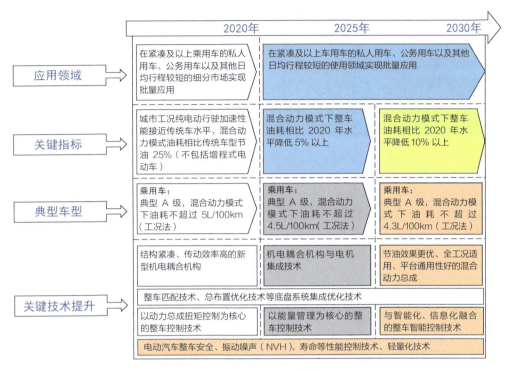

图 5-25　混合动力电动汽车技术路线

表 5-7　混合动力电动汽车主要标准目录

标准代号	标准名称
GB/T 19750—2005	混合动力电动汽车　定型试验规程
GB/T 19752—2005	混合动力电动汽车　动力性能　试验方法
QC/T 837—2010	混合动力电动汽车类型
QC/T 894—2011	重型混合动力电动汽车污染物排放车载测量方法
QC/T 926—2013	轻型混合动力电动汽车（ISG型）用动力单元可靠性试验方法
GB/T 19753—2013	轻型混合动力电动汽车能量消耗量试验方法
GB/T 19754—2015	重型混合动力电动汽车能量消耗量试验方法
GB/T 19755—2016	轻型混合动力电动汽车污染物排放控制要求及测量方法
GB 22757.2—2017	轻型汽车能源消耗量标识　第2部分：可外接充电式混合动力电动汽车和纯电动汽车
GB/T 34598—2017	插电式混合动力电动商用车　技术条件

6 Chapter 燃料电池电动汽车

6-1 燃料电池电动汽车与传统汽车有什么不同?

燃料电池电动汽车(Fuel Cell Electric Vehicle,FCEV)是以燃料电池作为动力源或主动力源的汽车,通过氢气和氧气的化学作用产生的电能驱动车辆行驶,如图6-1所示。与传统汽车相比,燃料电池电动汽车增加了燃料电池和氢气罐,其电能来自氢气燃烧,工作时只要加氢气即可,不需要外部补充电能。

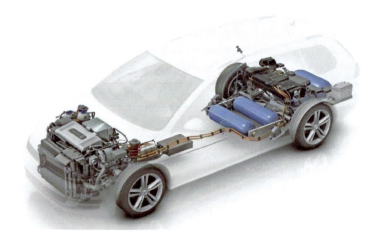

图6-1 燃料电池电动汽车

6-2 三种新能源汽车各有何优缺点?

燃料电池汽车、混合动力汽车和纯电动汽车各自的优缺点如图6-2所示。

燃料电池汽车

优点：零排放无污染、续驶里程与传统动力汽车相当、添加燃料（压缩氢气）时间短

缺点：目前造价高昂、加氢站等基础设施缺乏、氢气制备成本高

混合动力汽车

优点：续驶里程与传统动力汽车相当、燃油经济性比传统动力汽车好、造价相对较低

缺点：由于车上搭载了内燃机，存在碳排放，会对环境产生污染

纯电动汽车

优点：零排放无污染

缺点：续驶里程不及混合动力和燃料电池汽车、充电时间长、电池制造成本高、处理废旧锂蓄电池存在污染

图 6-2　三种新能源汽车各自的优缺点

6-3 燃料电池电动汽车由哪几部分组成？

典型燃料电池电动汽车主要由燃料电池、高压储氢罐、辅助动力源、DC/DC 变换器、驱动电机和整车控制器等组成，如图 6-3 所示。

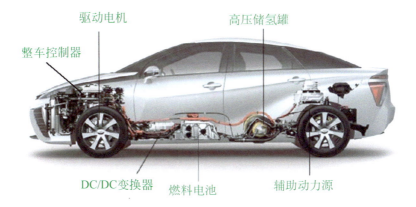

图 6-3　燃料电池电动汽车的组成

（1）**燃料电池** 燃料电池是燃料电池电动汽车的主要动力源，它是一种不燃烧燃料而直接以电化学反应方式将燃料的化学能转变为电能的高效发电装置。

（2）**高压储氢罐** 高压储氢罐是气态氢的储存装置，用于给燃料电池供应氢气。为保证燃料电池电动汽车一次充气有足够的续驶里程，则需要多个高压储气瓶来储存气态氢气。

（3）**辅助动力源** 由于燃料电池电动汽车设计方案不同，其所采用的辅助动力源也有所不同，可以用蓄电池、飞轮储能器或超大容量电容器等共同组成双电源或多电源系统。

（4）**DC/DC变换器** DC/DC变换器的主要功能为调节燃料电池的输出电压，调节整车能量分配，稳定整车直流母线电压。

（5）**驱动电机** 燃料电池电动汽车用的驱动电机具体选型必须结合整车开发目标，综合考虑电机的特点。

（6）**整车控制器** 整车控制器是燃料电池电动汽车的"大脑"，一方面接收来自驾驶员的需求信息（如点火开关、油门踏板、制动踏板、挡位信息等）实现整车工况控制；另一方面基于反馈的实际工况（如车速、制动、电机转速等）以及动力系统的状况（燃料电池及动力蓄电池的电压、电流等），根据预先匹配好的多能源控制策略进行能量分配调节控制。

6-4 燃料电池电动汽车的工作原理是怎样的？

燃料电池电动汽车的工作原理如图6-4所示，高压储氢罐中的氢气

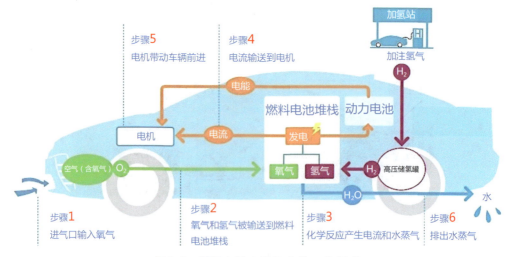

图6-4 燃料电池电动汽车的工作原理

和空气中的氧气在汽车搭载的燃料电池中发生氧化还原化学反应，产生出电能驱动电机工作，电机产生的机械能经变速传动装置传给驱动轮，驱动汽车行驶。

6-5 燃料电池电动汽车有哪些类型？

燃料电池电动汽车分为纯燃料电池电动汽车和燃料电池混合动力电动汽车，而燃料电池混合动力电动汽车又可分为燃料电池与辅助动力电池联合驱动的燃料电池电动汽车、燃料电池与超级电容器联合驱动的燃料电池电动汽车、燃料电池与辅助动力电池和超级电容器联合驱动的燃料电池电动汽车。

（1）**纯燃料电池电动汽车** 纯燃料电池电动汽车是以燃料电池系统作为单一动力源，如图6-5所示。燃料电池系统将氢气与氧气反应产生的电能通过DC/DC变换器和电机控制器传给驱动电机，驱动电机将电能转化为机械能，再传给减速机构驱动汽车行驶。

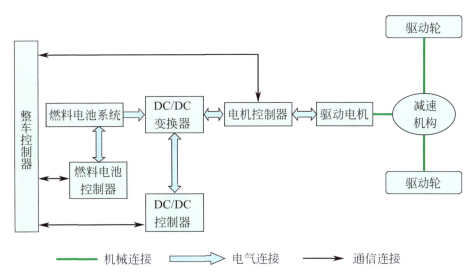

图6-5 纯燃料电池电动汽车的动力系统

（2）**燃料电池与辅助动力电池联合驱动的燃料电池电动汽车** 该类型的燃料电池电动汽车是以燃料电池和动力电池一起为驱动电机提供能量，驱动电机将电能转化成机械能，传给减速机构驱动汽车行驶，如图6-6所示。

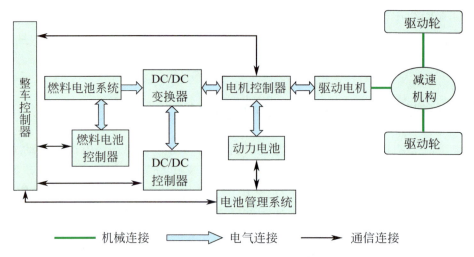

图6-6 燃料电池与辅助动力电池联合驱动的燃料电池电动汽车的动力系统

(3) **燃料电池与超级电容器联合驱动的燃料电池电动汽车** 该类型的燃料电池电动汽车是以燃料电池和超级电容器一起为驱动电机提供能量,驱动电机将电能转化成机械能,传给减速机构驱动汽车行驶,如图6-7所示。

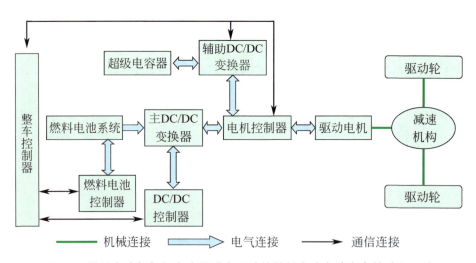

图6-7 燃料电池与超级电容器联合驱动的燃料电池电动汽车的动力系统

(4) **燃料电池与辅助动力电池和超级电容器联合驱动的燃料电池电动汽车** 该类型的燃料电池电动汽车是以燃料电池、动力电池和超级电容器一起为驱动电机提供能量,驱动电机将电能转化成机械能,传给减速机构驱动汽车行驶，如图6-8所示。

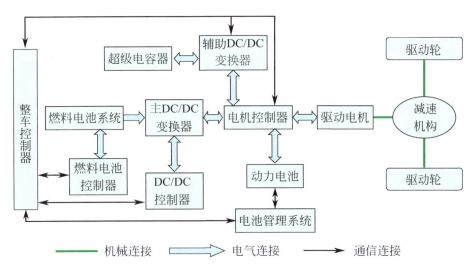

图6-8　燃料电池与辅助动力电池和超级电容器联合驱动的燃料电池电动汽车的动力系统

6-6 燃料电池电动汽车有哪些特点？

燃料电池电动汽车的特点如图6-9所示。

图6-9　燃料电池电动汽车的特点

6-7 燃料电池电动汽车DC/DC变换器有什么作用？

燃料电池电动汽车的燃料电池需要安装单向DC/DC变换器，蓄电池和超级电容器需要安装双向DC/DC变换器，它们具有以下作用。

（1）调节燃料电池的输出电压　因为燃料电池的输出电压随负载的

变化而变化，轻载时输出电压偏高，重载时输出电压偏低，难以满足驱动电机控制器的需求，因此借助DC/DC变换器对燃料电池的输出电压进行调节。

（2）稳定整车直流母线电压 燃料电池的输出电压经过DC/DC变换器后能稳定整车直流母线电压。

（3）调节整车能量分配 燃料电池电动汽车配有燃料电池和动力蓄电池两种能源，控制燃料电池的输出能量就可以控制整车能量的分配。如果燃料电池的输出能量不足以驱动电机，则由动力蓄电池来补充能量；当燃料电池输出的能量超出电机需求时，多余的能量给蓄电池补充能量。

6-8 燃料电池电动汽车DC/DC变换器的性能有哪些要求？

燃料电池电动汽车DC/DC变换器的性能必须满足以下要求。

① DC/DC变换器作为能量传递部件，转换效率要高，以便提高能源的利用率。

② DC/DC变换器应具有升压功能，以便降低对燃料电池的输出电压要求。

③ 由于燃料电池输出电压不稳定，需要DC/DC变换器闭环运行进行稳压，以便变换器有较好的动态调节能力。

④ DC/DC变换器应体积小，重量轻。

6-9 质子交换膜燃料电池供氢系统的结构是怎样的？

质子交换膜燃料电池供氢系统按照储氢的化学形态不同可分为以气态单质形式储存氢气的质子交换膜燃料电池供氢系统和以化合物形式储存氢气的质子交换膜燃料电池供氢系统。

（1）以气态单质形式储存氢气的质子交换膜燃料电池供氢系统 该系统是将氢气存储于储氢容器中，直接为燃料电池供应氢气，包括加注接口、储氢容器、管路总成、控制和监测等，其结构示意图如图6-10所示。图6-10中管件总成包括与氢气直接接触或者成为供氢系统一部分的元件、管路及接头等，可以由金属和非金属管件构成。

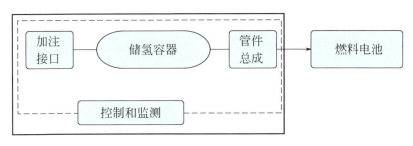

图 6-10 以气态单质形式储存氢气的质子交换膜燃料电池供氢系统的结构示意图

（2）以化合物形式储存氢气的质子交换膜燃料电池供氢系统 该系统利用产氢物质，主要有金属储氢化合物、液态有机储氢化合物、氨类储氢化合物、甲醇、液态水等通过物理或化学过程制备氢气，实现向燃料电池供应氢气，包括制氢装置、净化装置、缓冲装置、储氢容器、管路总成、控制和监测等，其结构示意图如图6-11所示。

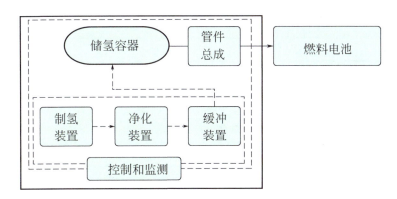

图 6-11 以化合物形式储存氢气的质子交换膜燃料电池供氢系统的结构示意图

6-10 氢气的制备方法主要有哪些？

氢气的制备方法主要有化石燃料制氢、水电解制氢、含氨工业尾气回收氢、可再生资源制氢技术、车载制氢技术。

（1）**化石燃料制氢** 化石燃料制氢是制氢的主要方法，途径很多，如天然气或石油气重整制氢、焦炭或无烟煤制氢、甲醇制氢等。

（2）**水电解制氢** 从水中制氢，因为纯水是电的不良导体，所以电解水制氢时要在水中加入电解质来增大水的导电性。

（3）**含氨工业尾气回收氢** 从合成氨、炼油厂等大型工业排放气中可以回收氢。

（4）可再生资源制氢技术 可再生资源制氢技术主要包括生物质制氢、太阳能光解制氢、城市固体废物气化等技术。

（5）车载制氢技术 用于车载制氢的燃料可以是醇类（甲醇、乙醇、二甲醚等）、烃类（柴油、甲烷、液化石油气等），其他类型的物质也可以作为制氢原料，如金属或金属氢化物等。

6-11 氢气储存方法主要有哪些？

氢气储存方法主要有高压储氢、液氢储氢、固体储氢和有机液体储氢，见表6-1。其中，高压储氢是目前应用广泛的一种储氢方式，通常采用储气罐作为容器。

表6-1 氢气储存方法

方法	说明
高压储氢	在氢气临界温度以上，通过高压压缩的方式来进行氢气储存
液氢储氢	将纯氢气冷却到-253℃使之液化，然后充装到高真空多层绝热的燃料罐中进行储存
固态储氢	利用氢气与储氢材料之间发生物理或者化学变化从而转化为固溶体或者氢化物的形式来进行氢气储存
有机液态储氢	通过不饱和液体有机物的可逆加氢和脱氢反应来进行氢气储存

6-12 储氢罐主要有哪些类型？

储氢罐的类型见表6-2。

表6-2 储氢罐的类型

类型	简称	简介
金属气瓶	Ⅰ型	笨重，有氢脆问题，车载储氢无法采用
金属内胆环向缠绕气瓶	Ⅱ型	笨重，有氢脆问题，车载储氢无法采用
金属内胆全缠绕气瓶	Ⅲ型	通常为铝胆碳纤维全缠绕复合气瓶，无渗漏，可快充；我国车用氢气瓶均为该类型
非金属内胆全缠绕气瓶	Ⅳ型	当前70MPa气瓶主要结构形式，对温度较为敏感，存在渗漏隐患；我国目前禁止使用

资料显示,丰田Mirai高压储氢罐使用强化碳纤维和树脂内胆等新技术,不仅实现了大幅度轻量化,还实现5.7%(质量分数)的储氢性能,如图6-12所示。丰田Mirai燃料电池电动汽车可以实现续驶里程483km。

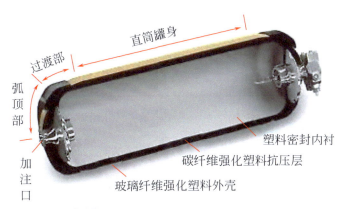

使用压力	70MPa
储存性能	5.7%(质量分数)
内部容积	122.4L(前60.0L+后62.4L)
储氢总量	约5kg

图6-12 丰田Mirai高压储氢罐

6-13 燃料电池电动汽车能量控制策略主要有哪些?

燃料电池电动汽车能量控制策略会随着动力系统的结构形式不同而有所不同,但总的能量控制策略有三大基本控制目标,即提高汽车的动力性、经济性和续驶里程。

燃料电池电动汽车能量控制策略主要有On/Off控制策略、功率跟随控制策略、瞬时优化最佳能耗控制策略,三种能量控制策略比较见表6-3。

表6-3 不同能量控制策略比较

控制策略	控制目标	优点	缺点
On/Off控制策略	燃料电池系统处于最高效率点功率	燃料电池系统工作在高效区,经济性好,控制方法简单	没有考虑动力电池的工作状态,容易导致过充电过放电;系统动力性不能得到保障

续表

控制策略	控制目标	优点	缺点
功率跟随控制策略	动力电池SOC处于目标值附近	动力电池处于浅循环工作状态,对电池寿命损耗较小,且系统动力性较好	燃料电池系统要在一个范围内时时改变,对燃料电池系统的要求较高,增加了系统控制的难度
瞬时优化最佳能耗控制策略	等效氢气消耗函数	经济性和动力性俱佳	控制策略比较复杂,对控制系统要求较高

除此之外,学者们在功率跟随控制策略的基础之上,根据不同的燃料电池电动汽车,结合模糊控制、遗传算法、神经网络算法等先进算法,提出了许多新的控制策略。

6-14 丰田Mirai燃料电池电动汽车行驶工况是怎样的?

丰田Mirai燃料电池电动汽车行驶工况分为启动、一般行驶、加速行驶以及减速行驶,如图6-13所示和图6-14所示。

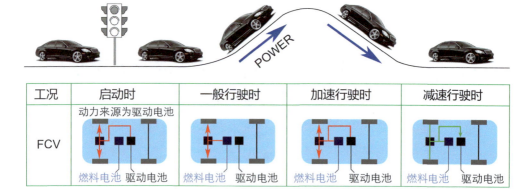

图6-13 燃料电池电动汽车行驶工况示意图

(1)启动工况 车辆启动时,由车载蓄电池进行供电,此时,来自镍锰蓄电池的电源直接提供给驱动电机,使电机工作,驱动车轮转动,此时,燃料电池不参与工作。

(2)一般行驶工况 一般行驶工况下,来自高压储氢罐的氢气经高压管路提供给燃料电池,同时,来自空气压缩机的氧气也提供给燃料电池,经质子交换膜内部产生电化学反应,产生大约300V的电压,然后经DC/DC变换器进行升压，转变为650V的直流电，经动力控制单元转换为交流电提供给驱动电机，驱动电机运转，带动车轮转动。

（3）**加速行驶工况** 加速时，除了燃料电池正常工作外，需要由车载蓄电池参与工作，以提供额外的电力供驱动电机使用，此时车辆处于大负荷工况下。

（4）**减速行驶工况** 减速时，车辆在惯性作用下行驶，此时燃料电池不再工作，由车辆减速所产生的惯性能量由驱动电机转换为发电机进行发电，经动力控制单元将其转换为直流电后，反馈回车载蓄电池进行电能的回收。

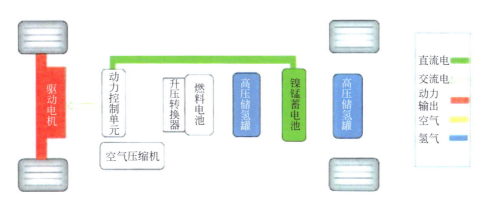

（a）启动工况

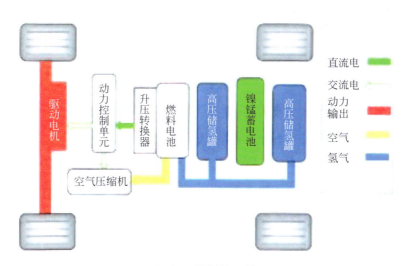

（b）一般行驶工况

图6-14

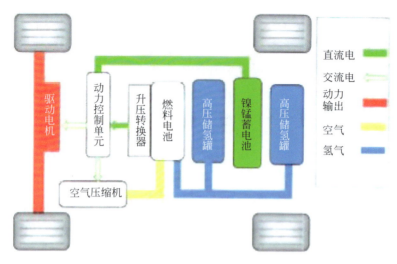

（c）加速行驶工况

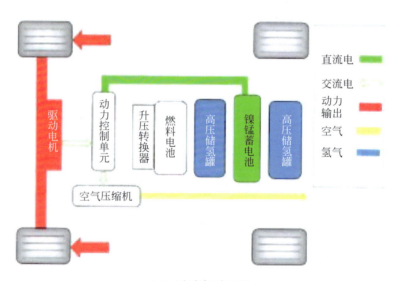

（d）减速行驶工况

图6-14 燃料电池电动汽车行驶工况

6-15 如何匹配燃料电池电动汽车驱动电机参数？

燃料电池电动汽车驱动电机参数匹配见表6-4。

表 6-4 燃料电池电动汽车驱动电机参数匹配

名称	公式	符号注释
最高转速	$n_{\max} = \dfrac{v_{\max} i_t}{0.377 r}$	β 为扩大恒功率区系数 F_f 为滚动阻力 F_w 为空气阻力 v 可按车辆最高设计车速的 90% 或我国高速公路最高限速 120km/h 取值
额定转速	$n_e = \dfrac{n_{\max}}{\beta}$	
额定功率	$P_e = (F_f + F_w)\dfrac{v}{3600\eta_t}$	
额定转矩	$T_e = 9550\dfrac{P_e}{n_e}$	
峰值转矩	$T_{g_{\max}} = \dfrac{mgr}{\eta_t i_t}(f\cos\alpha_{\max} + \sin\alpha_{\max})$	

6-16 如何匹配燃料电池电动汽车燃料电池参数？

燃料电池电动汽车的燃料电池应能单独提供汽车最高速度稳定运行所要求的功率，并留有一定的富余功率对蓄电池充电，所以按汽车最高车速下的平均行驶阻力功率计算燃料电池的需求功率为

$$P_{fc} = \frac{1}{\eta_t \eta_e \eta_z}\left(\frac{mgfv_{\max}}{3600} + \frac{C_D A v_{\max}^3}{76140}\right)$$

式中，P_{fc} 为汽车最高车速下的平均行驶阻力功率；η_z 为 DC/DC 变换器的效率。

燃料电池输出功率大部分转化为驱动能量，剩余部分用于满足辅助系统的功率需求。在纯燃料电池驱动的情况下，输出功率为

$$P_{ro} = P_{fc} + P_{ff}$$

式中，P_{ro} 燃料电池的输出功率；P_{ff} 为辅助系统的功率需求。

燃料电池功率的选择应遵循以下原则。

① SOC 值在循环工况前后维持不变，从而确保燃料电池是整个行驶过程中功率消耗的唯一来源，因此燃料电池的功率应大于平均行驶阻力功率。

② 燃料电池的峰值功率应不高于车辆以最高车速稳定行驶时的需求功率，避免在燃料电池单独驱动状态下有过多的富余功率。

6-17 如何匹配燃料电池电动汽车辅助动力源参数？

燃料电池电动汽车的辅助动力源为蓄电池。在汽车起步时，完全由辅助动力源提供动力；在汽车加速或爬坡时，为主动力源提供补充；同时在汽车制动时回收制动能量。

燃料电池电动汽车辅助动力源参数匹配见表6-5。

表6-5 燃料电池电动汽车辅助动力源参数匹配

名称	公式	符号注释
蓄电池额定功率	$P_{xe} = \dfrac{P_{e\max}}{\eta_e} + P_{fd} - P_{ro} + P_{ff}$	P_{xe}为动力蓄电池的额定功率 P_{fd}为车辆辅助电器系统的功率需求 ρ_{xg}为蓄电池的比功率 ρ_{xn}为蓄电池的比能量 U_e为蓄电池的额定电压 η_d为蓄电池的放电效率
蓄电池质量	$m_x = \dfrac{P_{xe}}{\rho_{xg}}$	
蓄电池容量	$C_{xe} = \dfrac{m_x \rho_{xn}}{U_e \eta_d}$	

6-18 燃料电池电动汽车的总体发展思路是什么？

燃料电池电动汽车产品近期是实现大规模示范应用，远期以全功率燃料电池为特征，实现大规模发展，实现百万量级的商业化推广，基本上要在2030年完全实现商业化，从技术路线发布起5年之内基本上达到商业化水平。整个过程中，将进一步提高燃料电池电动汽车低温启动、可靠耐久、使用寿命等性能并降低整车成本，逐步扩大燃料电池系统产能，完善氢气供应运输及加注基础设施建设，支撑氢燃料电池汽车的产业化发展。

① 近期（5年内）以中等功率燃料电池与大容量动力电池的深度混合动力构型为技术特征，实现燃料电池电动汽车在特定地区的公共服务用车领域大规模示范应用。

② 中期（10年内）以大功率燃料电池与中等容量动力电池的电电混合为技术特征，实现燃料电池电动汽车的较大规模批量化商业应用。

③ 远期（15年内）以全功率燃料电池为动力特征，在私人乘用车、大型商用车领域实现百万辆规模的商业推广；以可再生能源为主的氢能供应体系建设与规模扩大支撑燃料电池电动汽车规模化发展。

6-19 燃料电池电动汽车的技术发展路线是怎样的？

燃料电池电动汽车的技术路线以实现燃料电池电动汽车产业化为目标，开展燃料电池系统、燃料电池堆及材料、车载储氢与加氢站等关键产业环节技术与产品攻关，突破核心技术，提高性能并进一步减低成本，建立并完善燃料电池关键技术及产业链，燃料电池乘用车与商用车具有较强市场竞争力并实现全面产业化。

燃料电池电动汽车的技术发展路线见表6-6。

表6-6 燃料电池电动汽车的技术发展路线

时间		至2020年	至2025年	至2030年
总体目标		● 在特定地区的公共服务用车领域小规模示范应用，5000辆规模 ● 燃料电池系统产能超过1000套/企业	● 在城市私人用车、公共服务用车领域实现大批量应用，50000辆规模 ● 燃料电池系统产能超过10000套/企业	● 在私人用车、大型商用车领域实现大规模化商业推广，百万辆规模 ● 燃料电池系统产能超过10万套/企业
燃料电池电动汽车	功能要求	冷启动温度达到-30℃，动力系统构型设计优化，整车成本与纯电动汽车相当	冷启动温度达到-40℃，批量化降低整车购置成本，与同级别混合动力汽车相当	整车性能达到与传统车相当，具有相对产品竞争力优势
	商用车	● 耐久性40万千米 ● 成本≤150万元	● 耐久性80万千米 ● 成本≤100万元	● 寿命30万千米 ● 成本≤18万元
	乘用车	● 寿命20万千米 ● 成本≤30万元	● 寿命25万千米 ● 成本≤20万元	● 单体1000W/kg ● 系统700W/kg
共性关键技术	燃料电池电堆技术	● 冷启动温度<-30℃ ● 质量比功率2kW/kg ● 体积功率密度3kW/L	● 冷启动温度<-40℃ ● 质量比功率2.5kW/kg ● 寿命达到5000h以上	寿命达到8000h以上
	基础材料技术	高性能膜材料、低铂催化剂及金属双极板技术	高可靠性膜、催化剂及双极板技术	低成本膜电极、双极板技术
	控制技术	燃料电池优化控制技术	燃料电池高可靠性控制技术	燃料电池低成本、高集成化控制技术
	储氢技术	● 供给系统关键部件开发技术 ● 高压储氢技术，氢安全技术	● 供给系统关键部件高可靠性技术 ● 储氢系统高可靠性技术	● 供给系统关键部件低成本技术 ● 储氢系统低成本技术

续表

时间		至2020年	至2025年	至2030年
关键零部件技术		高速无油空压机，氢循环系统，70MPa储氢罐等关键系统附件性能满足车用指标要求		系统成本低于200元/kW
氢能基础设施	氢气供应	可再生能源分布式制氢，焦炉煤气等副产氢气制氢/高效低成本氢气分离纯化技术		可再生能源分布式制氢
	氢气运输	高压气态氢气储存与运输	低温液体氢气运输	常压高密度有机液体储氢与运输
	加氢站	数量超过100座	数量超过300座	数量超过1000座

6-20 燃料电池电动汽车相关标准主要包括哪些？

目前的燃料电池电动汽车新标准制定主要集中于燃料电池系统及车载储氢系统两大方面。其中车载储氢系统的标准主要侧重于储氢系统的测试及加注方面。燃料电池电动汽车相关主要标准见表6-7。

表6-7 燃料电池电动汽车相关主要标准

标准代号	标准名称
GB/T 24548—2009	燃料电池电动汽车　术语
GB/T 24549—2009	燃料电池电动汽车　安全要求
GB/T 24554—2009	燃料电池发动机性能试验方法
QC/T 816—2009	加氢车技术条件
GB 50516—2010	加氢站技术规范
GB/T 25319—2010	汽车用燃料电池发电系统　技术条件
GB/T 26990—2011	燃料电池电动汽车　车载氢系统　技术要求
GB/T 26991—2011	燃料电池电动汽车　最高车速试验方法
GB/T 26779—2011	燃料电池电动汽车　加氢口
GB/T 29123—2012	示范运行氢燃料电池电动汽车技术规范
GB/T 29124—2012	氢燃料电池电动汽车示范运行配套设施规范
GB/T 29126—2012	燃料电池电动汽车　车载氢系统　试验方法
GB/T 33978—2017	道路车辆用质子交换膜燃料电池模块
GB/T 33979—2017	质子交换膜燃料电池发电系统低温特性测试方法

续表

标准代号	标准名称
GB/T 33983.1—2017	直接甲醇燃料电池系统 第1部分：安全
GB/T 33983.2—2017	直接甲醇燃料电池系统 第2部分：性能试验方法
GB/T 34425—2017	燃料电池电动汽车 加氢枪
GB/T 34544—2017	小型燃料电池车用低压储氢装置安全试验方法
GB/T 34584—2017	加氢站安全技术规范
GB/T 34872—2017	质子交换膜燃料电池供氢系统技术要求
GB/T 34542.1—2017	氢气储存输送系统 第1部分：通用要求
GB/T 34542.2—2018	氢气储存输送系统 第2部分：金属材料与氢环境相容性试验方法
GB/T 34542.3—2018	氢气储存输送系统 第3部分：金属材料氢脆敏感度试验方法

Chapter

电动汽车充电技术

7-1 电动汽车如何补充能量？

电动汽车补充能量主要有充电和换电两种方式，如图7-1所示。

（a）充电

（b）换电

图7-1　电动汽车补充能量方式

（1）**充电**　利用充电基础设施如充电桩直接给车载电池充电，电动汽车充电基础设施与燃油汽车加油站的作用类似，可以是公共的，也可以是家用的，只要将电动汽车车载充电机的插头接到电源插座上即可。

（2）**换电**　用已经充满电的电池将旧电池换下来，在车主继续上路后，再给换下来的电池充电，这种方式也叫电池租赁。电池租赁方式是在专门的换电场站将电池箱整体从汽车上换下，再将已充好电的电池箱装上车。这种方法目前主要有纯手动形式、半自动形式和机器人换电三种模式。

电动汽车补充能量未来向无线充电、移动充电方式发展，如图7-2所示。

（a）无线充电

（b）移动充电

图7-2　电动汽车未来补充能量方式

7-2 电动汽车对充电设备有什么要求？

电动汽车充电设备是指与电动汽车或动力蓄电池相连接，并为其提供电能的设备，是电动汽车充电站最主要的设备。

电动汽车对充电设备具有以下要求。

（1）**安全性**　电动汽车充电时，要确保人员的人身安全和蓄电池组的安全。

（2）**使用方便**　充电设备应具有较高的智能性，不需要操作人员过多干预充电过程。

（3）**成本经济**　成本经济、价格低廉的充电设备有助于降低电动汽车使用成本，提高运行效益，促进电动汽车推广。

（4）效率高 高效率是对现代充电设备最重要的要求之一，效率的高低对整个电动汽车的能量效率具有重大影响。

（5）对供电电源污染要小 采用电力电子技术的充电设备是一种高度非线性的设备，会对供电网及其他用电设备产生有害的谐波污染，而且由于充电设备功率因数低，在充电系统负载增加时，对其供电网的影响也不容忽视。

7-3 什么是电动汽车的快充和慢充？

电动汽车充电模式主要有快充和慢充，如图7-3所示。

（a）快充　　　　　　　　　　（b）慢充

图7-3　电动汽车充电模式

（1）快充 快充为大功率直流充电，一般采用专门的非车载直流充电机进行充电，这种充电机安装在固定的充电场所，与交流输入电源连接，直流输出端与需要充电的电动汽车充电接口相连接，可以满足电动汽车大功率快速充电的要求；快充对动力电池组的耐压性和保护提出更高要求；充电电流大，是常规充电电流的十倍甚至几十倍。

优点：0.5h可以充满电池80%的容量。超过80%后，为保护电池安全，充电电流变小，充到100%的时间将较长。

缺点：由于充电电压高、电流大的特点，以减少电池充放电循环次数为代价，会对电池造成一定的损坏，降低电池的使用寿命。

（2）慢充 慢充是利用车载交流充电机进行充电，常规充电桩多为慢充，这类充电站一般分布在居民区或工作场所附近。家庭或办公室充电属于慢充，插在220V交流电插座里充电，由于电池是不能接受交流充电的，所以先将220V的交流电转换为直流电再升压到电池的充电电压如500V直流电，再用这500V的直流电向电池充电。

优点：慢充的充电电流和功率都相对较小，对电池寿命比较好，而且用电低峰时充电成本低。

缺点：充电时间过长，一般需要5～8h。

7-4 电动汽车快充和慢充的充电接口有什么不同？

电动汽车快充充电接口如图7-4所示。直流充电桩输出由9根线组成，CC1和CC2为充电连接确认线路；S+为充电通信线路CAN-H；S−为充电通信线路CAN-L；DC+为直流电源线路正极；DC−为直流电源线路负极；A+为低压辅助电源线路正极；A−为低压辅助电源线路负极；PE为设备地线。

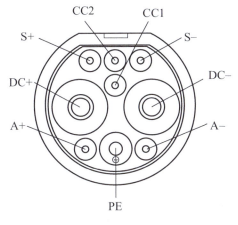
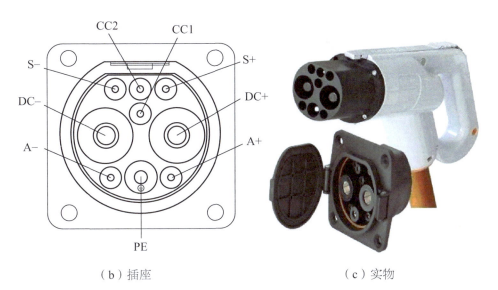

图7-4　电动汽车快充充电接口

电动汽车慢充充电接口如图7-5所示。交流充电桩输出由7根线组成，CC为充电连接确认线路；CP为控制引导线路；L为交流电源线路；NC1为交流电源线路；NC2为交流电源线路；N为中线；PE为设备地线。

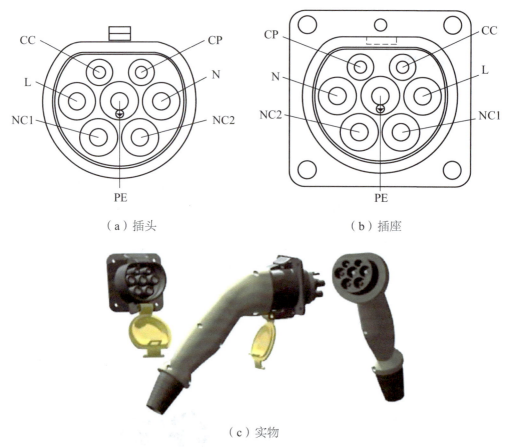

图7-5 电动汽车慢充充电接口

7-5 电动汽车充电系统是怎样的？

电动汽车的充电方式可分为<u>交流充电</u>和<u>直流充电</u>，无论采用交流充电还是直流充电，充电系统的构成基本都是一致的，即从变压器侧取电，经由低压电缆引至充电桩处，再给车辆充电。交流充电和直流充电的重要区别在于给蓄电池充电时是否经过车载充电机，如图7-6所示。交流充电经过车载充电机，直流充电不经过车载充电机。

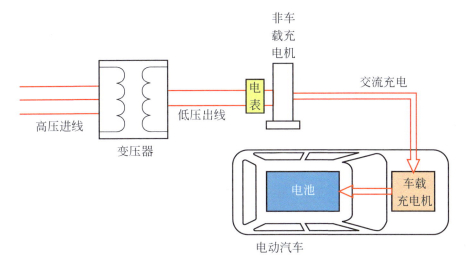

（a）交流充电

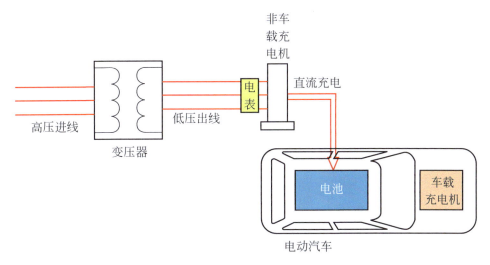

（b）直流充电

图7-6　电动汽车充电系统示意图

7-6 什么是交流充电桩和直流充电桩？

充电桩是电动汽车充电装置，一端连接电网，另一端连接电动汽车，具有充电、计费和安全防护等功能。按照充电方式分为交流充电桩和直流充电桩。

(1) **交流充电桩** 交流充电桩输出单相/三相交流电通过车载充电机转换成直流电给车载蓄电池充电,功率较小,有7kW、22kW、40kW等,充电速度较慢,一般安装在小区停车场等地。交流充电示意图及实物如图7-7所示。

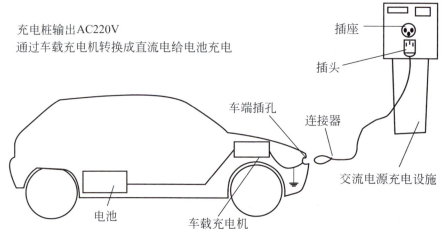

(a)交流充电示意图

(b)交流充电桩实物

图7-7 交流充电示意图及实物

(2) **直流充电桩** 直流充电桩是直接输出直流电给车载电池进行充电,功率较大,有60kW、120kW、200kW等,充电速度较快,故一般安装在大型充电站。直流充电示意图及实物如图7-8所示。

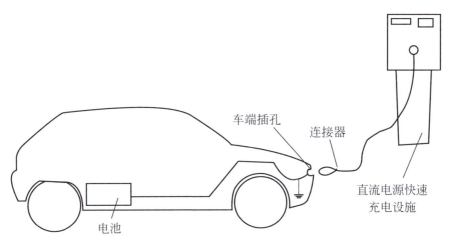

(a)直流充电示意图

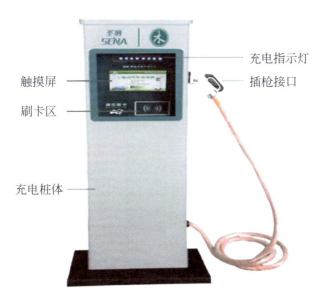

(b)直流充电桩实物

图7-8 直流充电示意图及实物

7-7 常规充电方法有哪些?

电动汽车蓄电池充电方法主要有恒流充电、恒压充电和恒流限压充电,现代智能型蓄电池充电机可设置不同的充电方法。

(1)**恒流充电** 恒流充电是指充电过程中使充电电流保持不变的方

法。恒流充电具有较大的适应性，容易将蓄电池完全充足，有益于延长蓄电池的寿命。缺点是在充电过程中，需要根据逐渐升高的蓄电池电动势调节充电电压，以保持电流不变，充电时间也较长。

（2）**恒压充电** 恒压充电是指充电过程中保持充电电压不变的充电方法，充电电流随蓄电池电动势的升高而减小。恒压充电的优点是充电时间短，充电过程无须调整电压，较适合于补充充电。缺点是不容易将蓄电池完全充足，充电初期大电流对极板会有不利影响。

（3）**恒流限压充电** 先以恒流方式进行充电，当蓄电池组端电压上升到限压值时，充电机自动转换为恒压充电，直到充电完毕。

7-8 快速充电方法有哪些？

快速充电方法主要有脉冲快速充电法、变电流快速充电法和变电压快速充电法。

（1）**脉冲快速充电法** 脉冲充电曲线主要包括预充、恒流区和脉冲区，如图7-9所示。在恒流充电过程中以恒定电流对电池进行充电，部分能量被转移到电池内部。当电池电压上升到上限电压（4.2V）时，进入脉冲充电模式，用1C的脉冲电流间歇地对电池充电。在恒定的充电时间T_c内电池电压会不断升高，充电停止时电压会慢慢下降。当电池电压下降到上限电压（4.2V）后，以同样的电流值对电池充电，开始下一个充电周期，如此循环充电直到电池充满。

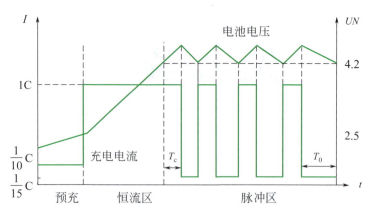

图7-9 脉冲快速充电的充电曲线

（2）**变电流快速充电法** 变电流快速充电建立在恒流充电和脉冲快

速充电基础上，其充电曲线如图7-10所示。该充电方法在充电前期采用分段恒流充电，各段电流逐次减小，并且设置了充电间歇来消除极化现象。该阶段具有较大的充电电流，使电池在较短时间内获得大部分充电量。在充电后期，采用的是恒电压充电，通过小电流充电，使电池达到完全充电。

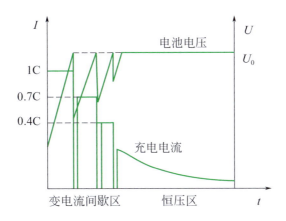

图7-10 变电流快速充电的充电曲线

（3）变电压快速充电法 变电压快速充电在初始阶段采用的是电压逐次减小的恒电压脉冲充电，在充电脉冲之间设置了充电间歇，如图7-11所示。相对于变电流快速充电，变电压快速充电在每个恒电压阶段，其充电电流是按指数规律下降的，更符合电池的可充电电流随充电的进行而逐渐下降的特点。如果各段充电电压设置得当，可使整个充电过程的充电电流更接近于电池的可接受充电电流，加快充电速度。

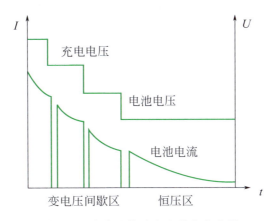

图7-11 变电压快速充电的充电曲线

7-9 什么是车载充电机？

车载充电机是指固定安装在电动汽车上的充电机，具有为电动汽车动力电池安全、自动充满电的能力，充电机依据电池管理系统提供的数据，能动态调节充电电流或电压参数，执行相应的动作，完成充电过程。

车载充电机由交流输入端口、功率单元、控制单元、低压辅助单元、直流输出端口等组成，其连接示意图和实物如图7-12所示。

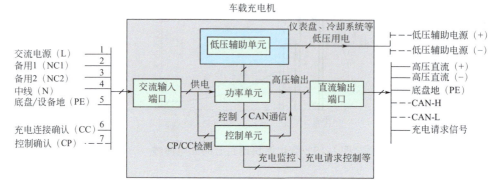

（a）车载充电机连接示意图

（b）车载充电机实物

图7-12 车载充电机连接示意图和实物

（1）交流输入端口 交流输入端口是车载充电机与地面供电设备的连接装置。

（2）功率单元 功率单元作为充电能量的传递通道，主要包括电磁干扰抑制模块、整流模块、功率因数校正模块、滤波模块、全桥变换模块、直流输出模块，其作用是在控制单元的配合下，把电网的交流电转换成蓄电池需要的高压直流电。

（3）**控制单元** 控制单元主要包括原边检测及保护模块、过流检测及保护模块、过压/欠压监测及保护模块、DSP主控模块，其作用是通过电力电子开关器件控制功率单元的转换过程，经闭环控制方式精确完成转换功能，并提供保护功能。

（4）**低压辅助单元** 低压辅助单元主要包括CAN通信模块、辅助电源模块、人机交互模块，其作用是为控制单元的电力电子器件提供低压供电及实现系统与外界的联系。

（5）**直流输出端口** 直流输出端口是车载充电机与蓄电池之间的连接装置。

车载充电机的优点是不管车载蓄电池在任何时候、任何地方需要充电，只要有充电机额定电压的交流插座，就可以对电动汽车进行充电。车载充电机的缺点是受电动汽车的空间所限，功率较小，输出充电电流小，蓄电池充电的时间较长。

7-10 车载充电机的技术参数是怎样的？

车载充电机输入技术参数的推荐值见表7-1。

表7-1 车载充电机输入技术参数的推荐值

额定输入电压/V	额定输入电流/A	额定输入功率/kW	额定频率/Hz
单相220	10	2.2	
单相220	16	3.5	
单相220	32	7.0	50
三相380	16	10.5	
三相380	32	21.0	
三相380	63	41.0	

车载充电机输出技术参数的推荐值见表7-2。

表7-2 车载充电机输出技术参数的推荐值

输出电压等级	输出电压范围/V	标称输出电压推荐值/V
1	24～65	48
2	55～120	72

续表

输出电压等级	输出电压范围/V	标称输出电压推荐值/V
3	100～250	144
4	200～420	336
5	300～570	384、480
6	400～750	640

输出电流可根据各厂家蓄电池组电压情况设定。车载充电机在额定输入电压、额定负载的状态下，效率应不低于90%，功率因数应不低于0.92。

车载充电机的技术参数误差要求：输入电压波动范围为额定输入电压±15%；输入电压频率波动范围为额定频率±2%；车载充电机在恒压输出状态下运行时，其输出电压与设定电压的误差应为±1%；车载充电机在恒流输出状态下运行时，其输出电流与设定电流的误差应为±5%；车载充电机在允许的输出电流的范围内，输出电流的周期和随机偏差不能大于设定电流值的10%；车载充电机在稳流区间工作时，其稳流精度应小于1%，在稳压区间工作时，稳压精度应小于0.5%。

7-11 什么是车载双向充电机？

车载双向充电机就是充电机既可以给电动汽车蓄电池进行充电，又可以在必要时将蓄电池的电逆变成交流给负载离网供电，或回馈到电网并网馈电。通过车载双向充电机的应用，未来电动汽车不仅仅是一个交通工具，更将成为一个移动的储能电站。

车载充电机呈集成化趋势，车载充电机与DC/DC变换器和电机控制器集成在一起，具有V2V（车对车）、V2L（车对负载）、V2H（车对家庭）、V2G（车对电网）功能的双向充电机，如图7-13所示。计划到2020年，实现V2V、V2L、V2H；到2025年，实现V2G。

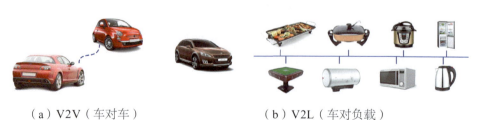

（a）V2V（车对车）　　　　　　　（b）V2L（车对负载）

（c）V2H（车对家庭）

（d）V2G（车对电网）

图7-13　车载双向充电机

7-12 什么是非车载充电机？

非车载充电机是指固定安装在电动汽车外，与交流电网连接，为电动汽车动力蓄电池等可充电的储能系统提供直流电能的设备。

非车载充电机主要由充电机主体和充电终端两部分组成，如图7-14所示。充电机主体通过三相输入接触器与电网相连，将交流电转换为输出电压、电流可调的直流电。输出经过充电终端的充电接口与电动汽车的蓄电池相连。充电终端面向用户，并与整流柜控制系统、电池管理系统、充电站监控系统等实现通信。

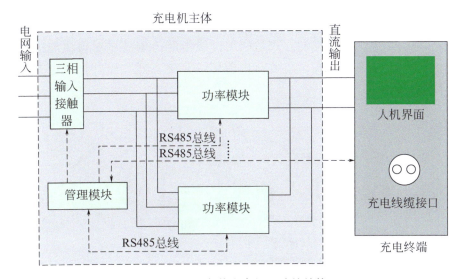

图7-14　非车载充电机系统的结构

7-13 非车载充电机的技术参数是怎样的？

电动汽车非车载充电机输入技术参数见表7-3。

表7-3 电动汽车非车载充电机输入技术参数

输入方式	输入电压额定值/V	输入电流额定值/A	频率/Hz
1	单相220	$I_N \leq 16$	
2	单相220/三相380	$16 < I_N \leq 32$	50
3	三相380	$I_N > 32$	

当非车载充电机的输出功率为额定功率的50%～100%时，效率不应小于90%，功率因数不应小于0.9。

非车载充电机的技术参数误差要求：当交流电源电压在标称值的±15%范围内变化，输出直流电压在规定的相应调节范围内变化时，输出直流电流在额定值的20%～100%范围内任一数值上应保持稳定，充电机输出电流精度不应超过±1%；当交流电源电压在标称值的±15%范围内变化，输出直流电流在额定值的0～100%范围内变化时，输出直流电压在规定的相应调节范围内任一数值上应保持稳定，充电机输出电压精度不应超过±0.5%。

7-14 什么是电动汽车无线充电？

电动汽车无线充电方式是利用无线电能传输技术对蓄电池进行充电的一种新型充电方式，主要有电磁感应充电方式和磁共振充电方式，如图7-15所示。

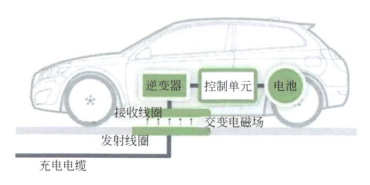

（a）电磁感应充电方式

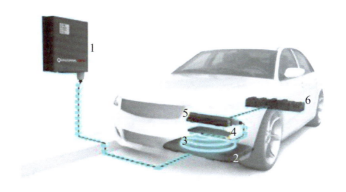

(b) 磁共振充电方式

1—供电组件；2—充电板；3—电磁波；
4—车载接收板；5—车载控制器；6—电池组

图 7-15 无线充电方式

（1）**电磁感应充电方式** 电磁感应充电方式通过发射线圈和接收线圈之间传输电力，这是最接近实用化的一种充电方式。当发射线圈中有交变电流通过时，发射（初级）、接收（次级）两线圈之间产生交变电磁场，由此在次级线圈产生随磁场变化的感应电动势，通过接收线圈端对外输出交变电流。该充电方式的优点是能量转换率高；缺点是只能一对一充电，供电距离短（0~10cm）。

（2）**磁共振充电方式** 磁共振充电的原理与电磁感应方式基本相同。该充电方式的优点是一对多充电，无须精准定位；缺点是能量传输损耗高。

相对于电动汽车的有线充电而言，无线充电具有以下优势。

① 充电设备占地小，充电便利性高。

② 充电设施可无人值守，后期维护成本低。

③ 相同占地面积下，可充电的电动汽车数量提升，增大空间利用率。

无线充电的劣势如下。

① 充电效率不高，峰值效率为90%左右，传统充电效率在95%左右。

② 传递功率不够大，一般在10kW以下。

③ 无线充电主要采用电磁方式，存在辐射泄漏的安全问题。

7-15 什么是电动汽车移动充电？

移动充电是指电动汽车在路上巡航时进行充电，如图7-16所示，有接触式和感应式两种。

图7-16　电动汽车移动充电

（1）接触式移动充电　接触式移动充电系统需要在车体的底部装一个接触拱，通过与嵌在路面上的充电元件相接触，接触拱便可获得瞬时高电流。当电动汽车行驶通过移动式充电区时，为电动汽车充电。

（2）感应式移动充电　车载式接触拱由感应线圈所取代，嵌在路面上的充电元件由可产生强磁场的高电流绕组所取代，便成为感应式移动充电系统。

7-16 什么是电动汽车光伏充电站？

目前，电动汽车充电站主要是利用电网供电，如果电动汽车得到大量推广使用，必将额外消耗大量不可再生资源用于发电，煤、石油等化石能源在燃烧发电过程中又造成环境污染，加重了传统能源消耗和环境问题，因此，开发利用清洁的可再生能源给电动汽车充电站供电势在必行，光伏充电站是电动汽车未来最理想的充电站，如图7-17所示。

图 7-17　电动汽车光伏充电站

光伏充电站主要有以下特点。

① 光伏充电站不需要建设专门的电站或是电网来供电给充电站使用，也不需要加大电网的电容量。因为光伏发电系统不但有自身的发电功能，在遇到供不应求的情况时，光伏充电站系统会在电网低谷时段选择从国家电网购买电量储存在储能系统里，这样不仅利于使充电站的电量能满足快速地给电动汽车充电并不影响电网的使用，而且也对国家电网低谷时段的电力做了有效利用。相反，当国家电网到高峰时段用电压力较大时，也同样可以利用充电站储电优势反供电给电网。

② 因为储能光伏充电站是由多个储能电池组合成的，所以尽管在遇到供不应求的情况下，也不需要重新建造更大的充电站，其扩大能量的方法非常简单，只要按需求增加电池组数量，这在很大程度上节约充电站的建设成本，给充电站的长远发展提供更多的可能性。

7-17 充电设施运营模式有哪些？

充电设施运营模式主要有政府主导模式、企业主导模式、用户主导模式、混合模式、众筹模式等，如图 7-18 所示。

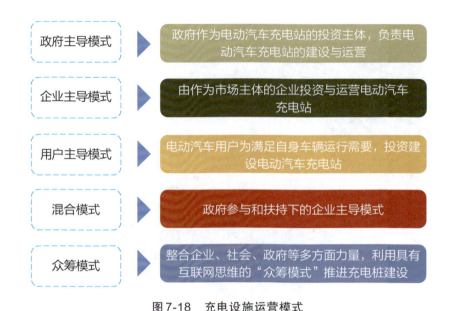

图7-18 充电设施运营模式

7-18 各种充电设施运营模式有什么特点？

各种充电设施运营模式的特点如图7-19所示。

特点
按照政府建设与运营方式不同，有两种具体操作方式
① 直接主导方式，即由政府直接出资、建设、运营
② 间接主导方式，即由政府出资、建设，移交其他企业或机构运营

优点
① 引领和推动电动汽车及其充电站建设有序发展
② 实现电动汽车充电站的统一规划和集约化发展

缺点
① 增加政府财政压力
② 运营效率低下
③ 不利于电动汽车充电站大规模集约化建设与运营

（a）政府主导模式

特点
① 带动电动汽车销售
② 看好充电站的盈利前景
③ 占领新兴能源市场
④ 实现企业发展方式转变

优点
① 能保证电动汽车充电站建设所需的资金投入
② 可以有效提高充电站的经营效率和管理水平

缺点
① 容易导致充电站建设的无序发展
② 影响或制约电动汽车产业发展
③ 与相关领域的协调性不足

（b）企业主导模式

(c) 用户主导模式

特点：电动汽车用户投资充电站，是将其视为电动汽车的一项配套设施，避免受制于外部充电站以及由此给电动汽车运行带来不利和不便影响

优点：电动汽车用户可以根据自身需要建设充电设施，实现充电设施与其自身的电动汽车有效衔接

缺点：电动汽车用户不仅要承担高额的充电设施建设和运行费用，更为重要的是会导致充电设施利用率低和造成重复建设

(d) 混合模式

特点：政府为了提供基础设施需要，通过合同方式与私人（即企业）建立起来的共享收益和共担风险的一种合作关系

优点：互补性强。在建设资金上，企业出资能够较好地克服政府资金不足的问题；在运营效率上，企业经营能够较好地克服政府运营所固有的低效率问题

优点：政府参与和扶持，能够使企业克服充电站建设发展中的盲目性和无序性，推动充电站技术革新，有效降低充电站投资与运营风险

(e) 众筹模式

特点：运营企业发布招商信息，由符合条件的合作伙伴自行提出申请，经运营商收集信息、筛选后报政府规划部门，最终确定合理建桩地点

优点：
①利用社会力量整合资源
②注重用户体验，有效提高使用效率
③实现业主、投资人和政府的三方共赢，极大提升办事效率

缺点：适合于二线、三线、四线中小规模的城市，在停车位资源紧张的一线城市较难推广

图 7-19　各种充电设施运营模式的特点

7-19 充电基础设施发展目标是什么？

充电基础设施发展目标见表 7-4。

表 7-4　充电基础设施发展目标

年份	目标
2020年	● 建成超过1.2万座充换电站，超过500万个交直流充电桩 ● 在小规模城市群建设充电服务网站 ● 慢充功率提高至6.6kW以上，快充时每充电15min的电动汽车可以行驶里程大于100km ● 实现无线充电、移动充电等新型充电技术试点运营 ● 探索清洁能源与电动汽车的融合，实现电网与车辆双向充电技术（V2G）

续表

年份	目标
2025年	● 建成超过3.6万座充换电站，超过2000万个交直流充电桩 ● 建成覆盖全国的充电服务网络 ● 慢充功率提高至10kW，快充时每充电10min的电动汽车可以行驶里程大于100km ● 实现无线充电、移动充电等新型充电技术大规模推广应用 ● 实现可再生能源与电动汽车融合的示范应用
2030年	● 建成超过4.8万座充电站，超过8000万个交直流充电桩 ● 进一步完善优化全国充电服务网络 ● 将风能、太阳能等接入充电服务网络，实现可再生能源与电动汽车融合的规模化应用

7-20 充电基础设施相关标准主要有哪些？

充电基础设施主要相关标准见表7-5。

表7-5　充电基础设施相关标准

标准代号	标准名称
NB/T 33001—2018	电动汽车非车载传导式充电机技术条件
NB/T 33002—2010	电动汽车交流充电桩技术条件
QC/T 895—2011	电动汽车用传导式车载充电机
GB/T 29316—2012	电动汽车充换电设施电能质量技术要求
GB/T 29317—2012	电动汽车充换电设施术语
GB/T 29318—2012	电动汽车非车载充电机电能计量
GB/T 28569—2012	电动汽车交流充电桩电能计量
GB 29303—2012	用于Ⅰ类和电池供电车辆的可开闭保护接地移动式剩余电流装置（SPE-PRCD）
GB/T 29781—2013	电动汽车充电站通用要求
GB/T 29772—2013	电动汽车电池更换站通用技术要求
NB/T 33004—2013	电动汽车充换电设施工程施工和竣工验收规范
NB/T 33005—2013	电动汽车充电站及电池更换站监控系统技术规范
NB/T 33006—2013	电动汽车电池箱更换设备通用技术要求

续表

标准代号	标准名称
NB/T 33007—2013	电动汽车充电站/电池更换站监控系统与充换电设备通信协议
NB/T 33008.1—2013	电动汽车充电设备检验试验规范 第1部分：非车载充电机
NB/T 33008.2—2013	电动汽车充电设备检验试验规范 第2部分：交流充电桩
NB/T 33009—2013	电动汽车充换电设施建设技术导则
GB 50966—2014	电动汽车充电站设计规范
GB/T 18487.1—2015	电动汽车传导充电系统 第1部分：通用要求
GB/T 20234.1—2015	电动汽车传导充电用连接装置 第1部分：通用要求
GB/T 20234.2—2015	电动汽车传导充电用连接装置 第2部分：交流充电接口
GB/T 20234.3—2015	电动汽车传导充电用连接装置 第3部分：直流充电接口
GB/T 27930—2015	电动汽车非车载传导式充电机与电池管理系统之间的通信协议
GB/T 34657.1—2017	电动汽车传导充电互操作性测试规范 第1部分：供电设备
GB/T 34657.2—2017	电动汽车传导充电互操作性测试规范 第2部分：车辆
GB/T 34658—2017	电动汽车非车载传导式充电机与电池管理系统之间的通信协议一致性测试

8 新能源汽车购买与使用

8-1 购买新能源汽车要注意哪些事项？

购买新能源汽车要注意以下事项。

（1）补贴政策 现在很多新能源汽车都能获得补贴，补贴也分国家补贴和地方补贴。在购买符合补贴规定的新能源汽车时，消费者按照销售价减去补贴金额后支付。但是现在补贴金额逐渐在减少，不同的车型补贴力度也不一样，在选择新能源汽车的时候一定要清楚该车的补贴情况。另外，值得注意的是，进口新能源汽车是不享受国家补贴的。

（2）续驶里程 续驶里程是选择新能源车型重要的一个标准。受限于电池的容量和衰减，目前市面上大多数的纯电动汽车续驶里程都不是很长，有些厂家宣称能达到300km、400km的续驶里程是在理想状态下测得的。很多车主在购买之后发现实际续驶里程远远不如官方宣称的那样。其实，车辆续驶里程、电池容量和寿命与车辆的使用环境、使用习惯和车龄有很大的关系。比如在夏季，经常开空调，或者经常听音乐等，很大程度上会导致实际续驶里程减少。所以消费者买车的时候，等速续驶里程和官方宣称的工况续驶里程仅起到参考作用。

（3）配套设施 目前的充电站要比加油站难找，要了解车企是否赠送充电设施，或者是否有充电方案。

（4）质保时间 新能源汽车最让人担心的就是电池，所以一定要注意汽车厂商提供的电池质保时间，其提供的动力电池和整车质保时间都是多少年或多少万千米，越长越好。

（5）快速充电 新能源汽车充电时间长，所以一定要注意是否支持快充，在紧急情况下，可以使用快充，当然如果不是紧急情况，尽量避免使用快充。

8-2 购买纯电动汽车主要看哪些技术指标？

购买纯电动汽车主要看以下技术指标。

（1）**电池能量密度**　在新能源汽车国家补贴政策中，纯电动汽车所搭载的电池能量密度被列入了考核范围，2018年低于105W·h/kg的车型将无法获得任何补贴，105（含）～120W·h/kg的车型按0.6倍补贴，120（含）～140W·h/kg的车型按1倍补贴，140（含）～160W·h/kg的车型按1.1倍补贴，160W·h/kg及以上的车型按1.2倍补贴。2017年，电池平均能量密度逐渐增加，如图8-1所示。

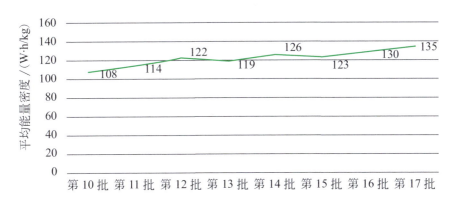

图8-1　电池平均能量密度（2017年）

（2）**车辆整备质量和动力电池质量**　纯电动汽车电能消耗量与整备质量和电池质量密切相关，整备质量和电池质量越轻，电能消耗量越少。纯电动汽车平均整备质量和动力电池质量如图8-2所示。车辆整备质量的变化与动力电池质量变化几乎完全同步。

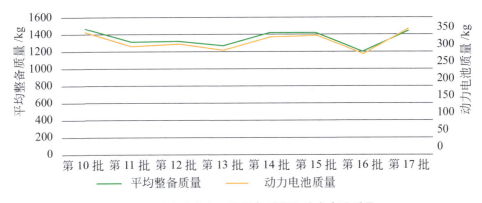

图8-2　纯电动汽车平均整备质量和动力电池质量

（3）续驶里程 作为普通消费者，纯电动汽车的续驶里程是大家最为关注的核心技术指标，其数值大小直接决定了消费者的日常使用体验。工况法下平均续驶里程逐渐增加，如图8-3所示。

图8-3 纯电动汽车平均续驶里程

（4）百公里电耗 在新能源汽车国家补贴政策中，对百公里电耗这一指标进行了限定。根据车辆整备质量的不同，达到不同标准百公里电耗的车型，2018年可以分别获得0.5倍、1倍和1.1倍标准补贴。纯电动汽车平均百公里电耗如图8-4所示。

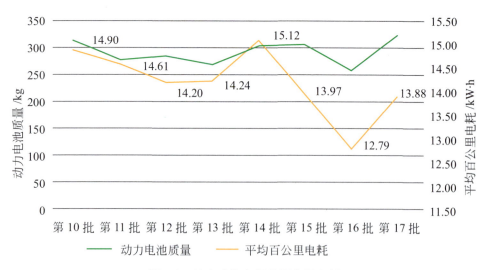

图8-4 纯电动汽车平均百公里电耗

8-3 电动汽车使用的主流电池类型是什么?

电动汽车使用的主流电池类型主要有三元锂蓄电池、磷酸铁锂蓄电池、锰酸锂蓄电池和钛酸锂蓄电池,如图8-5所示。

(a)三元锂蓄电池

(b)磷酸铁锂蓄电池

(c)锰酸锂蓄电池

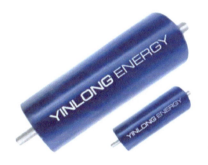

(d)钛酸锂蓄电池

图8-5 电动汽车常用电池

三元锂蓄电池、磷酸铁锂蓄电池、锰酸锂蓄电池和钛酸锂蓄电池的比较见表8-1。

表8-1 三元锂蓄电池、磷酸铁锂蓄电池、锰酸锂蓄电池和钛酸锂蓄电池的比较

特点	三元锂蓄电池	磷酸铁锂蓄电池	锰酸锂蓄电池	钛酸锂蓄电池
优点	能量密度高,振实密度高	寿命长,充放电倍率高,安全性好,成本低	振实密度高,成本低	安全稳定性好,快充性能好,循环寿命长
缺点	安全性差,耐高温差,大功率放电差,电池管理系统要求高	能量密度低,振实密度低	耐高温性差,温度急剧升高后电池寿命衰减严重	能量密度低,成本高

在2017全年的动力电池出货量中，磷酸铁锂蓄电池出货量为17.97GW·h，占比50%；三元锂蓄电池出货量16.15GW·h，占比45%；锰酸锂蓄电池出货量1.54GW·h，占比4%；酞酸锂蓄电池出货量0.57GW·h，占比1%，如图8-6所示。

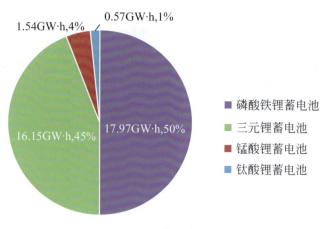

图8-6 四类电池份额排行

2017全年电动乘用车动力电池的装机量中，三元锂蓄电池装机量10.43GW·h，占76%；磷酸铁锂蓄电池装机量2.98GW·h，占22%；锰酸锂蓄电池装机量0.23GW·h，占2%，没有使用钛酸锂蓄电池，如图8-7所示。无论是纯电动乘用车还是插电式混合动力乘用车，三元锂蓄电池都占有较高的市场份额，这是由于三元锂蓄电池比磷酸铁锂蓄电池在能量密度方面优势较大。

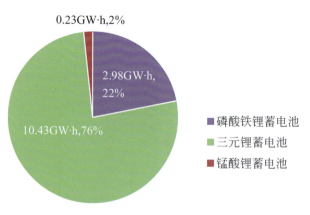

图8-7 电动乘用车电池装机量排行

8-4 新能源汽车牌照是怎样的？

为了更好地区分辨识新能源汽车，实施差异化交通管理，我国启用了新能源汽车专用牌照。新能源汽车牌照分为小型新能源汽车牌照和大型新能源汽车牌照。新能源汽车牌照的外廓尺寸为480mm×140mm，其中小型新能源汽车牌照为渐变绿色，大型新能源汽车牌照为黄绿双拼色，中文字（汉字）、数字和字母颜色为黑色；牌照号码为6位数；纯电动的车型用"D"，非纯电动的车型用"F"，如图8-8所示。

（a）小型新能源汽车牌照

（b）大型新能源汽车牌照

图8-8 新能源汽车牌照

8-5 购买新能源汽车补贴标准是怎样的？

新能源汽车补贴标准取决于续驶里程、电池系统能量密度和电耗水平，其计算公式为

单车补贴金额＝里程补贴标准×电池系统能量密度调整系数×车辆电耗调整系数

纯电动乘用车里程补贴标准见表8-2。

表8-2 纯电动乘用车里程补贴标准

续驶里程R/km	$150 \leqslant R < 200$	$200 \leqslant R < 250$	$250 \leqslant R < 300$	$300 \leqslant R < 400$	$R \geqslant 400$
补贴标准/万元	1.5	2.4	3.4	4.5	5

纯电动乘用车电池系统能量密度调整系数见表8-3。

表8-3 纯电动乘用车电池系统能量密度调整系数

能量密度/（W·h/kg）	105（含）~120	120（含）~140	140（含）~160	≥160
调整系数	0.6倍	1倍	1.1倍	1.2倍

纯电动乘用车电耗调整系数见表8-4。

表8-4 纯电动乘用车电耗调整系数

电耗值优于标准值/%	0~5	5~25	≥25
调整系数	0.5倍	1倍	1.1倍

例如，某纯电动乘用车综合续驶里程为320km；电池系统能量密度为135.3W·h/kg；综合电耗为15kW·h/100km，政策要求电耗为18.77kW·h/100km；整备质量为1530kg，则补贴金额=4.5万元×1×1=4.5万元。

8-6 驾驶新能源汽车需要重新考驾照吗？

新能源汽车属于机动车范畴，驾驶新能源汽车是一定需要驾照的。如果有普通汽车驾照，则不需要重新考驾照。

新能源汽车的驾照和普通汽车驾照一样，是根据车型来划分的，持A1驾照的驾驶员是可以开所有类型的新能源汽车；持A2驾照的驾驶员除了大客和特种车辆以外，也能驾驶所有的新能源汽车；因为家用新能源汽车都是采用自动挡，持C1和C2驾照的驾驶员基本上家用新能源汽车都可以开。

8-7 电动汽车与燃油汽车的行驶性能有差异吗？

评价汽车行驶性能的指标主要有最高车速、加速性能、爬坡性能、制动性能、续驶里程。

（1）**最高车速** 最高车速是指汽车在无风的条件下，在水平良好硬路面上所能达到的最高车速。

（2）**加速性能** 加速性能表示汽车原地起步的加速能力和超车加速

能力,通常采用加速时间和加速距离作为评价汽车加速性的指标。

(3) **爬坡能力**　爬坡能力是指汽车在良好道路上以最低车速上坡行驶的最大坡度。

(4) **制动性能**　制动性能主要指制动距离和制动稳定性。对于电动汽车来说,还有制动能量回收。

(5) **续驶里程**　续驶里程指汽车在最大的燃料储备下可连续行驶的总里程。电动汽车是指动力电池组充满电后可连续行驶的总里程。

从理论上讲,电机的工作特性与发动机相比,更适用于汽车。电机可以瞬时从零达到最大转矩,从而满足汽车加速的需要。特斯拉Model S 0～100km/h加速时间的官方数据为4.4s。从驾驶感觉上看,电动汽车的舒适性要优于燃油汽车,噪声小。电动汽车操纵稳定性、平顺性及通过性等性能与燃油汽车完全相同,甚至更好。电动汽车制动性能与燃油汽车也是相同的,而且电动汽车还可以实现制动能量的回收。

8-8 驾驶电动汽车要注意哪些事项?

驾驶电动汽车要注意以下事项。

(1) **启动**　电动汽车启动后是没有声音的,很多人不留意的话车辆已经启动都不知道,一脚油门踩下去则很危险。当打开启动开关"START"后,一定要注意"READY"绿灯,点亮即表示车辆启动了。因为每款车的"READY"绿灯位置都不一样,所以一定要关注它。

(2) **挡位**　电动汽车的挡位和燃油自动挡汽车是不同的。电动汽车的挡位没有P挡,一般是三个挡位:R挡、N挡、D挡,其中R挡为倒挡,N挡为空挡,D挡为前进挡;有的电动汽车还有S挡,即运动挡。多数挡位是一个盖子形状,换挡是用拧的方式,如图8-9所示。

图8-9　电动汽车的挡位

(3) **前进** 在D挡位置,踩下油门踏板,车辆可以向前行驶。

(4) **加速** 踩下油门踏板,电机转矩瞬间变大,加速较快,这完全不同于燃油汽车的慢慢加速,所以要根据行车环境控制起步速度。

(5) **倒车** 在R挡位置,踩下油门踏板,车辆可以向后倒车。

(6) **停车** 在N挡位置,确保车辆处于静止状态,并踩住制动踏板,防止车辆滑移。

(7) **入库** 驾驶完毕,回到车库之后,首先要踩紧刹车,将挡位拧到N挡(空挡)的位置,随后拉上手刹,松开脚下的刹车,关闭发动机。

8-9 电动汽车充电要注意哪些事项?

电动汽车充电要注意以下事项。

(1) **选择充电方式** 充电方式分为快速充电和慢速充电,要阅读使用说明书,选择最佳充电方式。

(2) **快速充电** 快速充电的电流和电压较高,短时间内对电池的冲击较大,容易使电池的活性物质脱落和电池发热,因此对电池保护散热方面有更高的要求,并不是每款车型都可快速充电。

(3) **常规充电** 常规充电即采用随车配备的便携式充电设备进行充电,可使用家用电源或专用的充电桩电源。充电电流较小,一般为16～32A,充电时间为5～8h。

(4) **低谷充电** 可充分利用电力低谷时段进行充电,降低充电成本。

(5) **正确掌握充电时间** 在使用过程中,应根据实际情况准确把握充电时间,参考平时使用频率及行驶里程情况,把握充电频次。正常行驶时,如果电量表指示红灯和黄灯亮,就应充电;如只剩下红灯亮,应停止运行,尽快充电,否则电池过度放电会严重缩短其寿命。充满电后运行时间较短就充电,充电时间不宜过长,否则会形成过度充电,使电池发热。过度充电、过度放电和充电不足都会缩短电池寿命。

(6) **避免大电流放电** 电动汽车在起步、加速、上坡时,应尽量避免猛踩加速踏板,形成瞬间大电流放电,大电流放电容易损害电池极板的物理性能。

(7) **半电存储** 车辆长期不用时,一般采用半电存储方式,电池电量可以在30%～60%之间。

8-10 电动汽车在充电过程中如何防止过充？

（1）**设置好时间** 用充电桩进行充电时，一定要设置好时间，不要过分充电。应该根据电动汽车所剩余电量的实际情况，选择到底充电多久。如果时间过长，对蓄电池是一种伤害。

（2）**定时去检查** 在给电动汽车充电时，应该定时去检查一下，看一看电量是否充满，如果充满就应该及时拔掉电源。

（3）**利用好时段** 一般情况下电动汽车充满电量需要5～8h，所以说，充电应该利用好时间段。提前计算好充电时间，比如利用晚上时间，从晚上10点开始充电，到第二天早晨6点断电，正好8h。

（4）**勤充少充** 如果选择在办公地点充电，而且是用电源充电的话，最好是勤充一些，而且每次都少充一些时间。比如，上午8点半到达办公地点就开始充电，12点拔掉电源。

（5）**尽量不要用快充** 在充电的时候，尽量不要用快充的方式给电动汽车充电，除非到万不得已的时候。因为快充就是利用高压或大电流给蓄电池快速充电。虽然充电过程快，但对蓄电池是一种伤害。

（6）**电动汽车不要放许久不用** 对于电动汽车，还是应该多开。不要长期不开，放那里一两个月才开一次，那样对蓄电池的损伤很大。经常使用，可激发蓄电池的能量，使其变得更加耐用。

8-11 电动汽车如何保养？

电动汽车和传统汽车驱动方式不同，两者保养最大的区别：传统汽车主要针对的是发动机系统的保养，需要定期更换机油和机滤等；而电动汽车是靠电机驱动，不需要机油、"三滤"、皮带等常规保养，主要是对电池组和电机进行日常的养护，并保持其清洁即可。由此可见电动汽车的保养比较简单。

电动汽车保养分为小保养和大保养，如图8-10所示。小保养只需要检测"三电"、底盘、灯光，基本上1～2h就可以完成；大保养除小保养的内容之外，还要更换空调滤芯，以及每2年或4万千米要更换转向液、变速箱油、冷却液和制动液等。

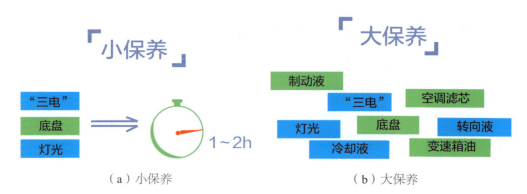

图 8-10 电动汽车保养

8-12 电动汽车动力电池系统常见故障及排除方法有哪些?

电动汽车动力电池系统故障及排除方法见表 8-5。

表 8-5 电动汽车动力电池系统故障及排除方法

项目	故障原因		排除方法
单体电池	电池组容量降低,电动汽车续驶里程短	单体电池 SOC 偏低	对单体电池单独充电
		单体电池 SOC 偏高	对单体电池单独放电
	电池组充电不足,使用寿命减少,电动汽车续驶里程短	单体电池容量不足	更换单体电池
	电池组充电不足,使用寿命减少,电动汽车动力不足,续驶里程短	单体电池内阻偏大	
	电池内部短路,电池热失控,严重时会起火、爆炸	单体电池过充电	检查电池管理系统
		单体电池过放电	
	电池热失控,严重时会起火、爆炸	单体电池内部短路	更换单体电池
		单体电池外部短路	排除短路故障,更换单体电池
		单体电池极性装反	更换单体电池

续表

项目	故障原因		排除方法
电池管理系统	无法监测电动汽车	CAN通信故障	检查CAN网络
	无法监测总电压	总电压测量故障	检查总电压测量模块
	无法监测单体电压	单体电压测量故障	检查单体电压测量模块
	无法监测电池温度	温度测量故障	检查温度测量模块
	无法监测电池电流	电流测量故障	检查电流测量模块
线路或连接件	电动汽车动力不足，续驶里程短	电池间虚接	紧固电池连接
	电动汽车无法启动	电池间断路	检查电池连接
		快速熔断器断开	检查快速熔断器
		正极接触器故障	检查接触器
		负极接触器故障	
	插接器易烧蚀，电动汽车动力不足	动力电插接器断开	检查动力电插接器
		动力电插接器虚接	
	无法监测电动汽车	信号电插接器故障	检查信号电插接器
	电池热失控，严重时会起火、爆炸	电源线短路	检查电源线

8-13 电动汽车驱动电机系统常见故障及排除方法有哪些？

电动汽车驱动电机系统常见故障及排除方法见表8-6。

表8-6　电动汽车驱动电机系统常见故障及排除方法

故障现象	故障原因	排除方法
电机在空载时不能启动	电源未接通	检查开关、接触器触点及电机引出线头
	逆变器控制原因	检查逆变器
	定子绕组故障	检查定子绕组，找出故障并修复
	电源电压太低	检查电源电压和每个连接处

续表

故障现象	故障原因	排除方法
电机通电后不启动,"嗡嗡"响	定子、转子绕组断路	查明断路点并进行修复
	绕组引出线始末端接错或绕组内部接反	定子绕组中通入直流电,检查绕组极性,判断绕组始末端是否正确
	电机负载过大或被卡住	检查设备,排除故障
	电源未能全部接通	用万用表检查电源线是否断线或虚接
定子过热	输电线一相断线或定子绕组一相断线,造成走单相	检查输电线和定子绕组
	过载	减少负荷或增加容量
	绕组匝数不对	检查绕组电阻
	通风不良	检查风机是否正常
绝缘电阻低	绕组受潮或被水淋湿	进行加热烘干处理
	绕组绝缘粘满粉尘、油垢	清洗绕组,并进行干燥、涂漆处理
	引出线绝缘老化破裂	重包引线绝缘
	绕组绝缘老化	清洗涂漆处理,或更换
电机振动	轴承磨损,间隙不合格	检查轴承间隙,应符合设计要求
	气隙不均匀	调整气隙
	转子不平衡	重新校对平衡
	转子断裂	更换转子
	定子绕组故障	查出绕组故障点并进行处理
	转轴弯曲	校直转轴
	铁芯变形或松动	校正铁芯,或重新叠装铁芯
电机空载运行时空载电流不平衡,且相差很大	绕组首端接错	查明首末端,改正后再启动电机试验
	电源电压不平衡	测量电源电压,找出原因并消除
	绕组有故障	检查绕组极性和故障,并改正和消除

续表

故障现象	故障原因	排除方法
电机运转时有杂音，不正常	轴承磨损，有故障	检修并更换轴承
	定子、转子铁芯松动	检查振动原因，重新压装铁芯
	电压不平衡	测量电源电压，找出不平衡原因
	绕组有故障	检查绕组故障并处理
	轴承缺少润滑脂	清洗轴承，添加润滑脂
	气隙不均匀，定子、转子相擦	调整气隙，提高装配质量
轴承发热超过规定	润滑脂过多或过少	按规定增减润滑脂
	脂质不好，含有杂质	检查润滑脂有无杂质，更换清洁的润滑质
	轴承与轴配合过松或过紧	采取措施，使轴承与轴配合符合要求
	轴承与端盖配合过松或过紧	采取措施，使轴承与端盖配合符合要求
	油封间隙配合太紧	更换或修理油封
	轴承内盖偏心，与轴承相擦	修理轴承内盖，使其与轴的间隙合适
	电机两侧端盖或轴承盖未装平	将端盖或轴承盖正确装入止口内
	轴承有故障，磨损，有杂质	更换坏轴承，清洗脏轴承
	轴承间隙过大或过小	更换新轴承

8-14 电动汽车主电机控制器常见故障及排除方法有哪些？

电动汽车主电机控制器常见故障及排除方法见表8-7。

表8-7 电动汽车主电机控制器常见故障及排除方法

故障码	故障说明	排除方法
1	W相IGBT饱和保护	重新启动系统,如不能清除或经常发生需专业维修
2	U相IGBT饱和保护	重新启动系统,如不能清除或经常发生需专业维修
3	V相IGBT饱和保护	重新启动系统,如不能清除或经常发生需专业维修
100	高压欠压	表示系统高压未接通,如高压已接通,而长时间没有消除需专业维修
171	系统上电自检异常	需专业维修
190	高压过压	重新启动系统,如不能清除或经常发生需专业维修
191	旋变检测异常	检查旋变信号线,重新启动系统,如不能清除或经常发生需专业维修
192	瞬间超速保护	检查旋变信号线,重新启动系统,如不能清除或经常发生需专业维修
193	超速保护	检查旋变信号线,重新启动系统,如不能清除或经常发生需专业维修
194	过流保护	重新启动系统,如不能清除或经常发生需专业维修

8-15 如何测算电动汽车和燃油汽车的使用成本?

汽车使用成本主要包括能源成本、维修保养成本、保险成本等。

(1)能源成本 燃油汽车能源成本(元)=行驶里程数(km)×百公路油耗(L)×油价(元/L);电动汽车能源成本(元)=行驶里程数(km)×百公里电耗(kW·h)×电价[元/(kW·h)]。

假设每年行驶20000km,百公里油耗为6.5L,油价按7.5元/L计算;百公里电耗为18kW·h,电价按0.55元/(kW·h)计算,则燃油汽车一年的能源成本为9750元;电动汽车一年的能源成本为1980元。由此可见,电动汽车能源成本为燃油汽车的20%左右。

(2)维修保养成本 由于电动汽车相比燃油汽车,以电机替换了发动机,变速器简化甚至取消,因而维修保养费用有了一定幅度的降低,据业内人士估算,下降幅度可达到30%。

(3)保险成本 目前,各保险公司对电动汽车和燃油汽车的商业保险费率尚没有细分，两者的商业保险费用差别主要体现在车价不同上面。

电动汽车使用成本中还要考虑充电服务成本和电池折旧成本，特别是电池折旧成本是不可省略的。电池折旧成本与电池使用寿命、电池价格有密切关系。电池折旧成本（元/km）=电池更换成本（元）/电池全寿命内总行驶里程（km）。

燃油汽车加油时已经考虑了服务成本，而且燃油汽车没有电池折旧成本。